En İyi Tailgating Yemek Kitabı

Ağız Sulandıran 100 Tarif ve Kazandıran
Tüyolarla Oyun Öncesi Deneyiminizi Artırın

Nurcan Kösea

İÇİNDEKİLER

GİRİİŞ

En İyi Tailgating Yemek Kitabı'na hoş geldiniz ! Bu yemek kitabı, mutfağı takip etme sanatında ustalaşmak ve oyun öncesi toplantılarınızı unutulmaz ziyafetlere dönüştürmek için hepsi bir arada rehberinizdir. İster tecrübeli bir bagaj kapıcı olun, ister heyecana katılmak isteyen bir acemi olun, oyun günü deneyiminizi yepyeni bir seviyeye taşımaya hazır olun.

Bu yemek kitabında, ruhunuzu besleyecek ve damak zevkinizi tatmin edecek kalabalıkları memnun edecek tariflerden oluşan bir koleksiyon derledik. Sulu burgerler ve parmak yalayan kanatlar gibi klasik konforlu yiyeceklerden maç günü favorilerindeki yaratıcı sürprizlere kadar her şeyi sizin için ele aldık. Yapması, taşıması ve stadyumun otoparkında tadını çıkarması kolay ağız sulandıran yemeklerle diğer taraftarların gözlerini kamaştırmaya hazırlanın.

Ancak bu yemek kitabı sadece yemek tariflerinden ibaret değil. Ayrıca, temel ekipman ve organizasyon tüyolarından herkesi eğlendirecek oyun günü etkinliklerine kadar, nihai bagaj partisi oluşturmak için kazandıran ipuçlarını ve püf noktalarını paylaşacağız. İster bir futbol maçında, ister bir konserde veya başka bir etkinlikte arka arkaya koşuyor olun, amacımız oyun öncesi deneyiminizi unutulmaz, lezzetli ve dostluk dolu hale getirmektir.

Sizi her bagaj partisinin MVP'si yapacak kazanan bir dağılım oluşturmaya hazırlanın. Oyunlar başlasın!

1. Izgara Tavuk Kanadı

İçindekiler:

- 2 kilo tavuk kanadı
- 1/2 su bardağı barbekü sosu
- 1/4 su bardağı bal
- 1/4 su bardağı soya sosu
- 2 diş sarımsak, kıyılmış
- 1 çay kaşığı öğütülmüş zencefil
- Tatmak için biber ve tuz

Talimatlar:

a) Küçük bir kapta barbekü sosu, bal, soya sosu, sarımsak, zencefil, tuz ve karabiberi çırpın.

b) Tavuk kanatlarını büyük, açılıp kapanabilir bir plastik torbaya koyun ve üzerlerine turşuyu dökün. Torbayı kapatın ve kanatları kaplamak için fırlatın.

c) En iyi sonuç için buzdolabında en az 2 saat veya gece boyunca marine edin.

d) Izgarayı orta-yüksek ısıya ısıtın. Kanatları turşudan çıkarın ve kalan turşuyu atın.

e) Kanatları yaklaşık 15-20 dakika ara sıra çevirerek tamamen pişene ve çıtır çıtır olana kadar ızgara yapın.

f) En sevdiğiniz daldırma sosuyla sıcak servis yapın.

2. Buffalo Tavuk Sosu

İçindekiler:

- 2 su bardağı kıyılmış pişmiş tavuk
- 8 ons krem peynir, yumuşatılmış
- 1/2 su bardağı acı sos
- 1/2 su bardağı ahır sosu
- 1 su bardağı rendelenmiş çedar peyniri
- 1/4 su bardağı mavi peynir kırıntıları (isteğe bağlı)
- Servis için tortilla cipsleri veya kereviz çubukları

Talimatlar:

a) Fırını 350 ° F'ye ısıtın.

b) Büyük bir karıştırma kabında, kıyılmış tavuk, krem peynir, acı sos ve ahır sosunu birleştirin. İyice birleştirilene kadar karıştırın.

c) Karışımı 9 inçlik bir fırın tepsisine yayın ve rendelenmiş kaşar peyniri ve mavi peynir kırıntıları (kullanılıyorsa) serpin.

d) 20-25 dakika veya sıcak ve kabarcıklı olana kadar pişirin.

e) Tortilla cipsi veya kereviz çubuklarıyla sıcak servis yapın.

3. Meksika Biber tursusu

İçindekiler:

- 12 jalapeno biberi, uzunlamasına ikiye bölünmüş ve çekirdekleri çıkarılmış
- 8 ons krem peynir, yumuşatılmış
- 1/2 su bardağı rendelenmiş çedar peyniri
- 1/4 su bardağı rendelenmiş Parmesan peyniri
- 1/4 çay kaşığı sarımsak tozu
- 1/4 çay kaşığı soğan tozu
- Tatmak için biber ve tuz
- 12 dilim domuz pastırması, ikiye bölünmüş

Talimatlar:

a) Fırını 400 ° F'ye ısıtın.

b) Bir karıştırma kabında krem peynir, çedar peyniri, Parmesan peyniri, sarımsak tozu, soğan tozu, tuz ve karabiberi karıştırın. İyice birleştirilene kadar karıştırın.

c) Peynir karışımını jalapeño yarımlarına eşit şekilde kaşıklayın.

d) Her jalapeño yarısını bir dilim domuz pastırması ile sarın ve bir kürdan ile sabitleyin.

e) Jalapeño poppers'ı bir fırın tepsisine yerleştirin ve 20-25 dakika veya domuz pastırması çıtır çıtır olana ve dolgu sıcak ve kabarcıklı olana kadar pişirin.

f) Sıcak servis yapın.

4. Alkali Baba Ganuş

Porsiyon: 4
Hazırlama Süresi: 30 Dakika

MALZEMELER :

- 1 büyük patlıcan
- bir avuç maydanoz
- 1-2 diş sarımsak
- 2 limon suyu
- 2 yemek kaşığı tahin
- Tatmak için tuz ve karabiber

TALİMATLAR :

a) Izgarayı orta-yüksek derecede önceden ısıtın ve patlıcanı bütün olarak yaklaşık yarım saat pişirin.

b) Kesip içini bir kaşıkla sıyırın, ardından etini bir süzgece koyun.

c) Pürüzsüz olana kadar karıştır.

5. Kabak ve Nohutlu Humus

Porsiyon: 4
Hazırlama Süresi: 30 Dakika

MALZEMELER :

- 1 kutu nohut, süzülmüş ve durulanmış
- 1 diş sarımsak, kıyılmış
- 1 yeşil kabak, doğranmış
- Bir avuç kıyılmış maydanoz
- Bir avuç kıyılmış fesleğen
- Himalaya veya Deniz Tuzu
- Taze çekilmiş karabiber
- 4 yemek kaşığı zeytinyağı
- Bir sıkma taze limon suyu

TALİMATLAR :

a) Her şeyi karıştırın.

6. Limonlu Nohut ve Tahinli Humus

Porsiyon: 2
Hazırlama Süresi: 10 Dakika

MALZEMELER :

- 1/2 limondan limon suyu
- 1 kutu kuru nohut, ıslatılmış
- 1 diş sarımsak
- 1 yemek kaşığı tahin
- 1 yemek kaşığı zeytinyağı

TALİMATLAR :

a) Pürüzsüz olana kadar her şeyi karıştırın.

7. Sarımsaklı Nohutlu Humus

Porsiyon: 2
Hazırlama Süresi: 10 Dakika

MALZEMELER :
- 2 diş sarımsak
- 1 kutu nohut
- 1 yemek kaşığı tahin
- 1 Limondan limon suyu
- 1 yemek kaşığı zeytinyağı

TALİMATLAR :
a) Bir karıştırma kabında, tüm malzemeleri karıştırın.

8. Baharatlı Kabak ve Krem Peynir Sosu

Toplam Hazırlık Süresi: 5 dakika
Porsiyon: 4 ila 6 porsiyon

İÇİNDEKİLER

- 8 ons Krem Peynir
- 15 ons şekersiz konserve balkabağı
- 1 çay kaşığı tarçın
- 1/4 çay kaşığı yenibahar
- 1/4 çay kaşığı hindistan cevizi
- 10 pekan cevizi, ezilmiş

TALİMATLAR

a) Krem Peyniri ve konserve balkabağını mikserle krema kıvamına gelene kadar çırpın.

b) Tarçın, yenibahar, küçük hindistan cevizi ve cevizleri iyice birleşene kadar karıştırın. Servis yapmadan önce buzdolabında bir saat soğutun.

BESLENME: Kalori 227| Yağ 19g (Doymuş 4g) | Kolesterol 0mg| Sodyum 275mg| Karbonhidrat 12g| Diyet Lifi 6g| Protein 4g.

9. Krem Peynir ve Bal Sosu

Toplam Hazırlık Süresi: 5 dakika
Porsiyon: 2 porsiyon

İÇİNDEKİLER

a) 2 ons Krem Peynir
b) 2 yemek kaşığı bal
c) 1/4 su bardağı sıkılmış portakal suyu
d) 1/2 çay kaşığı öğütülmüş tarçın

TALİMATLAR

a) Pürüzsüz olana kadar her şeyi karıştırın.

BESLENME: Kalori 160| Yağ 8g (Doymuş 2g) | Kolesterol 0mg| Sodyum 136mg| Karbonhidrat 22g| Diyet Lifi 0g| Protein 1 gr.

10. Sarımsaklı Alkali Guacamole

Toplam Hazırlık Süresi: 10 dakika
Porsiyon: 6 porsiyon

İÇİNDEKİLER

- 2 avokado, çekirdeksiz
- 1 adet domates, çekirdekleri çıkarılmış ve ince doğranmış
- 1/2 yemek kaşığı taze limon suyu
- 1/2 küçük sarı soğan, ince kıyılmış
- 2 diş sarımsak, preslenmiş
- 1/4 çay kaşığı deniz tuzu
- bir tutam biber
- Kıyılmış taze kişniş yaprağı

TALİMATLAR

a) Bir patates ezici kullanarak avokadoları küçük bir kasede ezin.
b) Ek MALZEMELERİ ezilmiş avokadolara karıştırdıktan hemen sonra servis yapın.

BESLENME: Kalori 97| Yağ 8g (Doymuş 2g) | Kolesterol 0mg| Sodyum 97mg| Karbonhidrat 6g| Diyet Lifi 5g| Protein 1 gr.

11. <u>Alkali Jalapeño Salsa</u>

Toplam Hazırlık Süresi: 10 dakika
Porsiyon: 4 porsiyon

İÇİNDEKİLER

- 4 orta boy domates, soyulmuş ve doğranmış
- 1/4 bardak doğranmış kırmızı soğan
- Jalapeño biberi, tohumlanmış ve ince kıyılmış
- 1 yemek kaşığı soğuk sıkım zeytinyağı
- 1 çay kaşığı deniz tuzu
- 1 çay kaşığı kimyon
- 1 çay kaşığı kıyılmış sarımsak
- Taze maydanoz

TALİMATLAR

a) Tüm malzemeleri karıştırın.

BESLENME: Kalori 73| Yağ 4g (Doymuş 1g) | Kolesterol 0mg| Sodyum 582mg| Karbonhidrat 9g| Diyet Lifi 1g| Protein 1 gr.

12.   Havyar Kalp Öpücükleri

İçindekiler:

- 1 Salatalık, temizlenmiş ve kesilmiş
- 1/3 su bardağı Ekşi Krema
- 1 çay kaşığı Kurutulmuş dereotu
- Tatmak için taze çekilmiş karabiber
- 1 Kavanoz kırmızı somon havyarı
- Taze dereotu dalları
- 8 ince dilim tam buğday ekmeği
- Tereyağı veya margarin

Talimatlar:

a) Salatalığı 1/4 inçlik turlara dilimleyin.

b) Küçük bir kapta ekşi krema, kurutulmuş dereotu ve karabiberi birleştirin. Her salatalık diliminin üzerine bir çay kaşığı ekşi krema karışımı koyun. Her birini yaklaşık 1/2 çay kaşığı havyar ve dereotu sapıyla süsleyin.

c) Kalp şeklinde çerez kesici ile ekmek dilimlerini kesin. Tost ve tereyağı. Servis tabağının ortasına salatalık dilimlerini yerleştirin ve tost kalpleri ile çevreleyin.

13.　Burrito ısırıkları

İçindekiler:

- 1 can Doğranmış Domates
- 1 fincan hazır pirinç
- ⅓ fincan su
- 1 Yeşil biber, doğranmış
- 2 adet yeşil soğan, dilimlenmiş
- 2 bardak Rendelenmiş çedar peyniri, bölünmüş
- 1 can Ranch Usulü Kızarmış Fasulye (16 oz)
- 10 un ekmeği (6-7")
- 1 fincan Salsa

Talimatlar:

a) Fırını 350'F'ye ısıtın. 9x12" fırın tepsisine PAM püskürtün; kenara koyun.

b) Orta boy bir tencerede pirinci ve suyu birleştirin; kaynama noktasına kadar ısıtın.

c) Isıyı azaltın, örtün ve 1 dakika pişirin. Ateşten alın ve 5 dakika veya tüm sıvı emilene kadar bekletin. Biber, soğan ve 1 su bardağı peynirle karıştırın.

d) Kenardan $\frac{1}{8}$" mesafe içinde her tortilla üzerine yaklaşık 3 yemek kaşığı fasulye yayın.

e) Önceden ısıtılmış fırında 25 dakika veya üzeri kızarana kadar pişirin. Tortillaları 4 parçaya kesin ve tepsiye dizin. Üzerine salsa ve peynir ekleyin . Üzerine salsa ve peynir ekleyin. Fırına dönün ve 5 dakika veya peynir eriyene kadar pişirin.

14. Tavuk fındık ısırıkları

İçindekiler:

- 1 fincan Tavuk suyu
- $\frac{1}{2}$ fincan Tereyağı
- 1 fincan Un
- 1 çorba kaşığı Maydanoz
- 2 çay kaşığı Baharatlı tuz
- 2 çay kaşığı Worcestershire sos
- 34 çay kaşığı Kereviz tohumu
- $\frac{1}{2}$ çay kaşığı Kırmızı biber
- $\frac{1}{8}$ çay kaşığı Cayenne
- 4 büyük Yumurta
- 2 adet tavuk göğsü, haşlanmış, derisi alınmış
- $\frac{1}{4}$ bardak Kavrulmuş badem

Talimatlar:

15. Fırını 400 dereceye ısıtın. Ağır bir tavada et suyu ve tereyağını birleştirin ve kaynatın. Un ve baharatla çırpın.

16. Karışım tavanın kenarlarından ayrılana ve pürüzsüz, kompakt bir top oluşturana kadar hızla karıştırarak pişirin. Ateşten alın. Yumurtaları birer birer ekleyin, karışım parlak olana kadar iyice çırpın. Tavuk ve bademleri karıştırın.

17. Yağlı kağıt serilmiş fırın tepsilerine çay kaşığı dolusu yuvarlayarak dökün. 15 dakika pişirin. Pişirdikten sonra dondurun.

15.   Buffalo tavuk parmakları

İçindekiler:

- 2 su bardağı badem unu
- 1 çay kaşığı tuz
- 1 çay kaşığı karabiber
- 1 çay kaşığı kuru maydanoz
- 2 büyük yumurta
- 2 yemek kaşığı tam yağlı konserve hindistan cevizi sütü
- 2 pound tavuk ihaleleri
- 1 1/2 su bardağı Frank'in Kırmızı-sıcak Buffalo sosu

Talimatlar:

a) Fırını 350 ° F'ye ısıtın.

b) Badem unu, tuz, karabiber ve maydanozu orta boy bir kapta birleştirin ve bir kenara koyun.

c) Yumurtaları ve hindistancevizi sütünü ayrı bir orta kapta çırpın.

d) Her tavuk ihalesini yumurta karışımına batırın ve ardından tamamen badem unu karışımı ile kaplayın. Kaplanmış ihaleleri bir fırın tepsisine tek bir tabaka halinde düzenleyin.

e) Pişirme sırasında bir kez çevirerek 30 dakika pişirin. Fırından çıkarın ve 5 dakika soğumaya bırakın.

f) Tavuk butlarını geniş bir kaseye alın ve buffalo sosunu ekleyin. Tamamen kaplamak için atın.

16. Köfte kekler

İçindekiler:

- 1 pound kıyma
- 1 su bardağı kıyılmış ıspanak
- 1 büyük yumurta, hafifçe dövülmüş
- 1/2 su bardağı rendelenmiş mozzarella peyniri
- 1/4 su bardağı rendelenmiş Parmesan peyniri
- 1/4 su bardağı kıyılmış sarı soğan
- 2 yemek kaşığı tohumlanmış ve kıyılmış jalapeno biberi

Talimatlar:

a) Fırını 350 ° F'ye ısıtın. Muffin kalıbının her bir kuyusunu hafifçe yağlayın.

b) Tüm malzemeleri büyük bir kapta birleştirin ve karıştırmak için ellerinizi kullanın.

c) Her muffin kalıbına et karışımından eşit miktarda koyun ve hafifçe bastırın. 45 dakika veya iç sıcaklık 165°F'ye ulaşana kadar pişirin.

17. <u>Domuz pastırması avokado ısırıkları</u>

İçindekiler:

- 2 büyük avokado, soyulmuş ve çekirdeği çıkarılmış
- 8 dilim şeker ilavesiz pastırma
- 1/2 çay kaşığı sarımsak tuzu

Talimatlar:

a) Fırını 425 ° F'ye ısıtın. Kurabiye tepsisine parşömen kağıdı ser.

b) Her bir avokadoyu 8 eşit dilime bölün ve toplamda 16 dilim yapın.

c) Her pastırma parçasını ikiye bölün. Her avokado parçasının etrafına yarım dilim domuz pastırması sarın. Sarımsak tuzu serpin.

d) Avokadoyu çerez kağıdına yerleştirin ve 15 dakika pişirin. Fırını ızgaraya çevirin ve domuz pastırması çıtır çıtır olana kadar 2-3 dakika daha pişirmeye devam edin.

18.   Pizza ısırıkları

İçindekiler:

- 24 dilim şekersiz pepperoni
- 1/2 su bardağı marinara sosu
- 1/2 su bardağı rendelenmiş mozzarella peyniri

Talimatlar:

A) FIRIN IZGARASINI AÇIN.

B) BİR FIRIN TEPSİSİNE PARŞÖMEN KAĞIDI SERİN VE BİBERLİ DİLİMLERİ TEK BİR TABAKA HALİNDE YERLEŞTİRİN.

C) HER PEPPERONİ DİLİMİNİN ÜZERİNE 1 TATLI KAŞIĞI MARİNARA SOSU KOYUN VE KAŞIKLA YAYIN. MARİNARANIN ÜZERİNE 1 TATLI KAŞIĞI MOZZARELLA PEYNİRİ EKLEYİN.

D) FIRIN TEPSİSİNİ FIRINA KOYUN VE 3 DAKİKA VEYA PEYNİR ERİYENE VE HAFİF KAHVERENGİ OLANA KADAR KAVURUN.

E) FIRIN TEPSİSİNDEN ÇIKARIN VE FAZLA YAĞI EMMESİ İÇİN KAĞIT HAVLUYLA KAPLI BİR FIRIN TEPSİSİNE AKTARIN.

19. Pastırma ve yeşil soğan ısırıkları

İçindekiler:

- 1/3 su bardağı badem unu
- 1 yemek kaşığı tuzsuz tereyağı, eritilmiş
- 1 (8 ons) paket krem peynir, oda sıcaklığına kadar yumuşatılmış
- 1 yemek kaşığı pastırma yağı
- 1 büyük yumurta
- 4 dilim şeker ilavesiz domuz pastırması, pişirilir, soğutulur ve ufalanır
- 1 büyük yeşil soğan, sadece üstleri, ince dilimlenmiş
- 1 diş sarımsak, kıyılmış
- 1/8 çay kaşığı karabiber

Talimatlar:

A) FIRINI 325 ° F'YE ISITIN.

B) KÜÇÜK BİR KARIŞTIRMA KABINDA BADEM UNU VE TEREYAĞINI BİRLEŞTİRİN.

C) STANDART BOYUTLU BİR MUFFİN KALIBINA 6 FİNCANI CUPCAKE KALIPLARIYLA SIRALAYIN. BADEM UNU KARIŞIMINI FİNCANLARA EŞİT OLARAK PAYLAŞTIRIN VE BİR ÇAY KAŞIĞININ ARKASIYLA HAFİFÇE BASTIRIN. FIRINDA 10 DAKİKA PİŞİRİN, SONRA ÇIKARIN.

D) KABUK PİŞERKEN, KREM PEYNİR VE PASTIRMA YAĞINI ORTA BOY BİR KARIŞTIRMA KABINDA BİR EL MİKSERİ İLE İYİCE KARIŞTIRIN. YUMURTA EKLEYİN VE BİRLEŞTİRİLENE KADAR KARIŞTIRIN.

E) BİR SPATULA İLE PASTIRMA, SOĞAN, SARIMSAK VE BİBERİ KREM PEYNİR KARIŞIMINA KATLAYIN.

F) KARIŞIMI FİNCANLARA PAYLAŞTIRIN, FIRINA DÖNÜN VE PEYNİR KATILAŞANA KADAR 30-35 DAKİKA DAHA PİŞİRİN. KENARLAR BİRAZ KIZARABİLİR. PİŞTİĞİNİ TEST ETMEK İÇİN ORTASINA KÜRDAN SOKUN. TEMİZ ÇIKARSA CHEESECAKE PİŞMİŞ DEMEKTİR.

G) 5 DAKİKA SOĞUMAYA BIRAKIN VE SERVİS YAPIN.

20. Pastırma sarılı tavuk ısırıkları

İçindekiler:

- 3/4 pound kemiksiz, derisiz tavuk göğsü, 1 "küpler halinde kesilmiş
- 1/2 çay kaşığı tuz
- 1/2 çay kaşığı karabiber
- 5 dilim şeker ilavesiz pastırma

Talimatlar:

A) FIRINI 375 ° F'YE ISITIN.

B) TAVUĞU TUZ VE KARABİBERLE ATIN.

C) HER BİR DOMUZ PASTIRMASINI 3 PARÇAYA BÖLÜN VE HER BİR TAVUK PARÇASINI BİR PASTIRMA PARÇASINA SARIN. BİR KÜRDAN İLE SABİTLEYİN.

D) SARILI TAVUĞU BİR PİLİÇ RAFINA KOYUN VE 30 DAKİKA PİŞİRİN, PİŞİRME SÜRESİNİN YARISINDA TERS ÇEVİRİN. FIRINI KIZARTMAK İÇİN ÇEVİRİN VE 3-4 DAKİKA VEYA DOMUZ PASTIRMASI ÇITIR ÇITIR OLANA KADAR KAVURUN.

21.   Pastırma-istiridye ısırıkları

İçindekiler:

- 8 DİLİM DOMUZ PASTIRMASI
- $\frac{1}{2}$ FİNCAN OTLU TERBİYELİ DOLDURMA
- 1 CAN (5 ONS) İSTİRİDYE; KIYILMIŞ
- $\frac{1}{4}$ BARDAK SU

Talimatlar:

A) FIRINI 350Ø'YE ISITIN. PASTIRMA DİLİMLERİNİ İKİYE BÖLÜN VE BİRAZ PİŞİRİN. FAZLA PİŞİRMEYİN.

B) PASTIRMA, TOPLARIN ETRAFINDA KOLAYCA YUVARLANACAK KADAR YUMUŞAK OLMALIDIR. DOLDURMA, İSTİRİDYE VE SUYU BİRLEŞTİRİN.

C) YAKLAŞIK 16 ADET BÜYÜKLÜĞÜNDE TOPLAR HALİNDE YUVARLAYIN.

D) TOPLARI PASTIRMAYA SARIN. 350Ø'DE 25 DAKİKA PİŞİRİN. SICAK SERVİS YAPIN.

22.   Buffalo karnabahar ısırıkları

İçindekiler:

- 1 su bardağı badem yemeği
- 1 çay kaşığı granül sarımsak
- 1/2 çay kaşığı kuru maydanoz
- 1/2 çay kaşığı tuz
- 1 büyük yumurta
- 1 büyük baş karnabahar, lokma büyüklüğünde çiçeklere ayrılmış
- 1/2 su bardağı Frank's Red-hot sos
- 1/4 su bardağı sıvıyağ

Talimatlar:

A) FIRINI 400 ° F'YE ISITIN. BİR FIRIN TEPSİSİNİ PARŞÖMEN KAĞIDI İLE HİZALAYIN.

B) BADEM UNU, SARIMSAK, MAYDANOZ VE TUZU BÜYÜK, SIZDIRMAZ BİR PLASTİK TORBADA BİRLEŞTİRİN VE KARIŞTIRMAK İÇİN SALLAYIN.

C) GENİŞ BİR KAPTA YUMURTAYI ÇIRPIN. KARNABAHAR EKLEYİN VE TAMAMEN KAPLAMAK İÇİN FIRLATIN.

D) KARNABAHARI BADEM UNU KARIŞIMIYLA DOLU TORBAYA AKTARIN VE KAPLAMAK İÇİN ATIN.

E) KARNABAHARI FIRIN TEPSİSİNE TEK BİR TABAKA HALİNDE YERLEŞTİRİN VE 30 DAKİKA VEYA YUMUŞAYANA VE HAFİFÇE KIZARANA KADAR PİŞİRİN.

F) KARNABAHAR PİŞERKEN, KÜÇÜK BİR TENCEREDE DÜŞÜK ISIDA ACI SOS VE GHEE'Yİ BİRLEŞTİRİN.

G) KARNABAHAR PİŞİNCE, KARNABAHARI ACI SOS KARIŞIMIYLA BÜYÜK BİR KARIŞTIRMA KABINDA BİRLEŞTİRİN VE KAPLAYIN.

23.   <u>Çikolatalı Biberli Mini Tatlılar</u>

İçindekiler:

- 1 su bardağı su
- 1/2 su bardağı hindistancevizi yağı veya vegan tereyağı
- 1 su bardağı un
- 1/4 çay kaşığı tuz
- 3 yumurta çırpılmış
- Tarçınlı Şeker Karışımı
- 1/2 su bardağı şeker 1 yemek kaşığı tarçın

Talimatlar:

a) Fırını önceden 400 dereceye ısıtın.Su, hindistancevizi yağı/tereyağı ve tuzu bir tencereye alıp kaynatın.

b) Unu çırpın, karışım bir top haline gelene kadar hızlıca karıştırın.

c) Yumurtaları azar azar ekleyin ve yumurtaların dağılmaması için sürekli karıştırın.

d) Hamurun biraz soğumasını bekleyin ve ardından sıkma torbanıza aktarın.

e) Yağlanmış fırın tepsinize sıralar halinde 3 inç uzunluğunda tatlılar sıkın.

f) Fırında 10 dakika 400 derecede pişirin ve ardından tatlılarınız altın rengi kahverengi olana kadar 1-2 dakika yüksekte kızartın.

g) Bu arada küçük bir tabakta tarçın ve şekeri karıştırın.

h) Tatlılar fırından çıktıktan sonra, tamamen kaplanana kadar tarçın ve şeker karışımına yuvarlayın. Kenara koyun.

24.   <u>Bouillabaisse ısırıkları</u>

İçindekiler:

- 24 orta boy Karides -- soyulmuş ve
- icat edildi
- 24 orta boy deniz tarağı
- 2 su bardağı domates sosu
- 1 kutu Kıyılmış istiridye (6-1/2 oz)
- 1 yemek kaşığı Pernod
- 20 Mililitre
- 1 defne yaprağı
- 1 çay kaşığı fesleğen
- ½ çay kaşığı Tuz
- ½ çay kaşığı Taze çekilmiş karabiber
- Sarımsak, kıyılmış
- Safran

Talimatlar:

a) Şiş başına 1 karides ve 1 deniz tarağı kullanarak 8 inçlik bambu şişlerde karides ve tarak; karidesin kuyruğunu tarak etrafına sarın.

b) Tencerede domates sosu, istiridye, Pernod, sarımsak, defne yaprağı, fesleğen, tuz, karabiber ve safranı karıştırın. Karışımı kaynatın.

c) Saplanmış balıkları sığ fırın tepsisine dizin.

d) Sosu şişlerin üzerine gezdirin. 25 dakika boyunca 350 derecede üstü açık olarak pişirin. 24 yapar

25. __karnabahar kapları__

İçindekiler:

- 1 1/2 bardak karnabahar pirinci
- 1/4 su bardağı doğranmış soğan
- 1/2 su bardağı rendelenmiş karabiber peyniri
- 1/2 çay kaşığı kurutulmuş kekik
- 1/2 çay kaşığı kuru fesleğen
- 1/2 çay kaşığı tuz
- 1 büyük yumurta, hafifçe dövülmüş

Talimatlar:

a) Fırını 350 ° F'ye ısıtın.

b) Tüm malzemeleri büyük bir karıştırma kabında birleştirin ve birleştirmek için karıştırın.

c) Karışımı küçük bir muffin kalıbının çukurlarına doldurun ve hafifçe paketleyin.

d) 30 dakika veya bardaklar gevrekleşene kadar pişirin. Hafifçe soğumaya bırakın ve kalıptan çıkarın.

26.   <u>Mac ve Peynir Kapları</u>

İçindekiler:

- 8 ons dirsek makarna
- 2 yemek kaşığı tuzlu tereyağı
- 1/4 çay kaşığı kırmızı biber (varsa füme kırmızı biber kullanın)
- 2 yemek kaşığı un
- 1/2 su bardağı tam yağlı süt
- 8 oz rendelenmiş keskin çedar peyniri
- garnitür için doğranmış frenk soğanı veya taze soğan
- tavayı yağlamak için tereyağı

Talimatlar:

a) Yapışmaz: mini kek kalıbını tereyağı veya yapışmaz: pişirme spreyi ile iyice yağlayın . Fırını 400 derece F'ye ısıtın.

b) Bir tencere tuzlu suyu yüksek ateşte kaynatın, ardından makarnayı pakette yazandan 2 dakika daha az pişirin.

c) Tereyağını eritip pul biberi ekleyin. Unu ekleyin ve karışımı 2 dakika karıştırın. Çırparken sütü ekleyin.

d) Tencereyi ocaktan alın ve peynirleri ve süzülmüş makarnayı ekleyin, peynir ve sos iyice dağılana kadar karıştırın.

e) Mac ve peynirinizi bir kaşık veya 3 yemek kaşığı kurabiye kaşığı ile muffin kaplarına paylaştırın.

f) Mac ve peynir kaplarını köpürene ve aşırı yapışkan olana kadar 15 dakika pişirin.

27. Bologna kiş bardakları

İçindekiler:

- 12 dilim salam
- 2 yumurta
- $\frac{1}{2}$ su bardağı bisküvi karışımı
- $\frac{1}{2}$ su bardağı rendelenmiş keskin peynir
- $\frac{1}{4}$ fincan Tatlı turşu çeşnisi
- 1 bardak Süt

Talimatlar:

e) Sucuk dilimlerini hafif yağlanmış muffin kalıplarına kup şeklinde yerleştirin.

f) Kalan malzemeleri birlikte karıştırın. Bolonya kaplarına paylaştırın.

g) 20-25 dakika veya altın rengi olana kadar (400F) pişirin.

28. Muffin prosciutto kupası

İçindekiler:

- ₍yaklaşık 1/2 ons ₎
- 1 orta boy yumurta sarısı
- 3 yemek kaşığı doğranmış Brie
- 2 yemek kaşığı doğranmış mozzarella peyniri
- 3 yemek kaşığı rendelenmiş Parmesan peyniri

Talimatlar:

a) Fırını 350 ° F'ye ısıtın. Yaklaşık 2 1/2 "genişliğinde ve 1 1/2 " derinliğinde oyukları olan ₍bir₎ kek kalıbını çıkarın.

b) Prosciutto dilimini ikiye katlayın, böylece neredeyse kare olur. Tamamen hizalamak için muffin kalıbına yerleştirin.

c) Yumurta sarısını prosciutto kabına koyun.

d) Yumurta sarısının üzerine peynirleri kırmadan yavaşça ekleyin.

e) Sarısı pişene ve ılık ama yine de akıntısı olana kadar yaklaşık 12 dakika pişirin.

f) Muffin kalıbından çıkarmadan önce 10 dakika soğumaya bırakın.

29. Brüksel lahanası bardakları

İçindekiler:

- 12 orta boy Brüksel lahanası
- 6 ons Yukon Altın patates
- 2 yemek kaşığı Kaymağı alınmış süt
- 1 çorba kaşığı Zeytin yağı
- $\frac{1}{8}$ çay kaşığı Tuz
- 2 ons Füme alabalık, derili
- 1 Kavrulmuş kırmızı biber, 2 inç x 1/8 inç şeritler halinde kesilmiş

Talimatlar:

a) fırını 350 dereceye kadar ısıtın

b) Sapları kesin, uzunlamasına ikiye bölün, daha koyu yeşil yapraklar bırakarak çekirdeği çıkarın.

c) Filiz kaplarını 6 dakika boyunca veya keskin bir bıçakla delindiklerinde yumuşayana ve hala parlak yeşil olana kadar buharda pişirin.

d) Kağıt havluların üzerine ters çevirerek süzün. Patatesleri yumuşayana kadar pişirin, süzün, süt, zeytinyağı ve tuz ekleyin.

e) Pürüzsüz olana kadar çırpın. Alabalığı yavaşça katlayın. +$\frac{1}{4}$> Kaşıkla kabukları doldurun ve üzerine biber şeritlerini yerleştirin.

30.   Hindiba bardakları

İçindekiler:

- 1 büyük haşlanmış yumurta, soyulmuş
- 2 yemek kaşığı zeytinyağında konserve ton balığı, süzülmüş
- 2 yemek kaşığı avokado posası
- 1 çay kaşığı taze limon suyu
- 1 yemek kaşığı mayonez
- 1/8 çay kaşığı deniz tuzu
- 1/8 çay kaşığı karabiber
- 4 Belçika hindiba yaprağı, yıkanmış ve kurutulmuş

Talimatlar:

a) Küçük bir mutfak robotunda hindiba hariç tüm malzemeleri iyice karışana kadar karıştırın.

b) Her bir hindiba bardağına 1 yemek kaşığı ton balığı karışımından koyun.

31.   <u>Taco bardakları</u>

İçindekiler:

- Biber tozu , Kimyon, kırmızı biber
- Tuz , karabiber
- 1/4 çay $_{kaşığı}$ kurutulmuş kekik
- 1/4 $_{çay}$ kaşığı ezilmiş kırmızı biber gevreği
- 1/4 çay $_{kaşığı}$ granül sarımsak
- 1/4 $_{çay}$ kaşığı toz soğan
- 1 pound% 75 yağsız kıyma
- 8 (1 ons) dilim keskin Çedar peyniri
- 1/2 $_{su}$ bardağı şeker ilavesiz salsa
- 1/4 su $_{bardağı}$ kıyılmış kişniş
- 3 yemek kaşığı Frank's Red-hot sos

Talimatlar:

a) Fırını 375 ° F'ye ısıtın. Bir fırın tepsisini parşömen kağıdı ile hizalayın.

b) Baharatları küçük bir kapta birleştirin ve karıştırmak için karıştırın. Orta-yüksek ateşte orta tavada kıyma pişirin. Sığır eti neredeyse piştiğinde, baharat karışımını ekleyin ve tamamen kaplamak için karıştırın. Ateşten alın ve bir kenara koyun.

c) Çedar peynir dilimlerini fırın tepsisine dizin. Önceden ısıtılmış fırında 5 dakika veya kızarmaya başlayana kadar pişirin. 3 dakika soğumaya bırakın ve ardından fırın tepsisinden soyun ve her dilimi bir çörek kalıbının kuyusuna aktararak bir fincan oluşturun. Soğumaya bırakın.

d) Her bardağa eşit miktarda et koyun ve üzerine 1 yemek kaşığı salsa ekleyin. Üzerine kişniş ve acı sos serpin.

32.   Ham 'n' çedar bardakları

İçindekiler:

- 2 bardak Çok amaçlı un
- $\frac{1}{4}$ bardak Şeker
- 2 çay kaşığı Kabartma tozu
- 1 çay kaşığı Tuz
- $\frac{1}{4}$ çay kaşığı Biber
- 6 Yumurta
- 1 fincan Süt
- $\frac{1}{2}$ pound Tamamen pişmiş jambon; küp şeklinde
- $\frac{1}{2}$ pound Çedar peyniri; doğranmış veya rendelenmiş
- $\frac{1}{2}$ pound Dilimlenmiş domuz pastırması; pişmiş ve ufalanmış
- 1 küçük Soğan; ince doğranmış

Talimatlar:

a) Kasede un, şeker, kabartma tozu, tuz ve karabiberi birleştirin. Yumurta ve sütü çırpın; iyice karışana kadar kuru malzemelere karıştırın. Jambon, peynir, domuz pastırması ve soğanı karıştırın.

b) İyice yağlanmış muffin kaplarının dörtte üçünü doldurun.

c) 350 derecede 45 dakika pişirin . Bir tel rafa çıkarmadan önce 10 dakika soğutun.

33.   kokteyl parti karides

İçindekiler:

- 1 Demet taze soğan/arpacık
- ½ büyük demet maydanoz
- 2 kutu Bütün yenibahar
- 2 büyük bakla sarımsak
- 3 kısım salata yağı 1 kısım
- Beyaz sirke
- Tuz
- Biber
- Kuru hardal
- Kırmızı biber
- 5 pound Haşlanmış kabuklu temizlenmiş
- Karides veya çözülmüş dondurulmuş

Talimatlar:

a) Sebzeleri bir mutfak robotu veya karıştırıcıda ince doğrayın. Yağ/sirke karışımına ekleyin. İyice karıştırın. Diğer baharatlarla tatmak için baharatlayın.

b) Karışımı karideslerin üzerine dökün, birkaç kez çevirin. Ara sıra karıştırarak en az 24 saat buzdolabında bekletin. Servis yapmak için sıvıyı boşaltın. Kürdan ile servis yapın.

34. <u>kokteyl kebapları</u>

İçindekiler:

- 8 büyük Karides, pişmiş
- 2 adet doğranmış yeşil soğan
- $\frac{1}{2}$ Kırmızı dolmalık biber, çekirdekleri çıkarılmış, ince şeritler halinde kesilmiş
- 8 küçük olgun veya yeşil zeytin
- 1 b diş sarımsak, ezilmiş
- 2 yemek kaşığı Limon suyu
- 2 yemek kaşığı Zeytin yağı
- 1 çay kaşığı Şeker
- 1 çay kaşığı İri öğütülmüş hardal
- $\frac{1}{4}$ çay kaşığı Kremalı yaban turpu

Talimatlar:

a) Karideslerin başlarını ve vücut kabuklarını çıkarın, ancak kuyruk kabuklarını bırakın.

b) Siyah omuriliği çıkararak karides devein. Her yeşil soğanı 4 papatyaya bölün. Karides, yeşil soğan, dolmalık biber ve zeytinleri bir kaseye koyun.

c) Sarımsak, limon suyu, zeytinyağı, şeker, hardal ve yaban turpu karıştırın.

d) Karides karışımının üzerine dökün, üzerini kapatın ve ara sıra karıştırarak en az 2 saat marine edin. Malzemeleri turşudan çıkarın ve 8 tahta kazmaya eşit şekilde geçirin. Kağıt havluların üzerine boşaltın.

35. Kokteyl su kestanesi

İçindekiler:

- $8\frac{1}{2}$ ons Su kestanesi konservesi
- 1/2 bardak sıvıdan tasarruf edin
- $\frac{1}{2}$ fincan Sirke
- 12 dilim Pastırma, ikiye bölünmüş
- $\frac{1}{4}$ bardak esmer şeker
- $\frac{1}{4}$ bardak Kedicik

Talimatlar:

a) Kestaneleri sıvıyağ ve sirke içinde 1 saat marine edin. Boşaltmak.

b) Esmer şeker ve kedi şekerini karıştırın; sonra pastırmanın üzerine yayın. Kestaneleri pastırmada yuvarlayın. Kürdan ile sabitleyin.

c) Pastırma gevrek olana kadar kavurun.

36. kokteyl sosisleri

İçindekiler:

- $\frac{3}{4}$ bardak hazır hardal
- 1 fincan Frenk üzümü jölesi
- 1 pound (8-10) sosis Sosisler

Talimatlar:

a) Reşo kabında veya benmaride hardal ve frenk üzümü jölesini karıştırın.

b) Sosisleri çapraz olarak lokmalık parçalar halinde dilimleyin. Sosa ekleyin ve ısıtın.

37.   Kokteyl çavdar ordövrleri

İçindekiler:

- 1 fincan mayonez
- 1 fincan Rendelenmiş keskin çedar peyniri
- $\frac{1}{2}$ fincan parmesan peyniri
- 1 fincan Dilimlenmiş yeşil soğan
- Kokteyl çavdar ekmeği dilimleri

Talimatlar:

a) Mayonez, peynir ve soğanları birleştirin. Her ekmek dilimine yaklaşık $1\frac{1}{2}$ yemek kaşığı (veya daha fazla) dökün.

b) Bir fırın tepsisine yerleştirin ve yanmadıklarından emin olmak için izleyerek kabarcıklı hale gelene kadar piliç altına koyun.

38.   <u>Bacon jalapeño topları</u>

İçindekiler:

- 5 dilim şeker ilavesiz domuz pastırması, pişmiş, yağı ayrılmış
- 1/4 su bardağı artı 2 yemek kaşığı (3 ons) krem peynir
- 2 yemek kaşığı ayrılmış pastırma yağı
- 1 çay kaşığı tohumlanmış ve ince kıyılmış jalapeno biberi
- 1 yemek kaşığı ince kıyılmış kişniş

Talimatlar:

1. BİR KESME TAHTASI ÜZERİNDE PASTIRMAYI KÜÇÜK KIRINTILAR HALİNDE DOĞRAYIN.

2. KÜÇÜK BİR KAPTA KREM PEYNİR, PASTIRMA YAĞI, JALAPEÑO VE KİŞNİŞİ BİRLEŞTİRİN; ÇATALLA İYİCE KARIŞTIRIN.

3. KARIŞIMI 6 TOP HALİNE GETİRİN.

4. DOMUZ PASTIRMASINI ORTA BOY BİR TABAĞA KOYUN VE EŞİT ŞEKİLDE KAPLAMAK İÇİN TEK TEK TOPLARI YUVARLAYIN.

5. HEMEN SERVİS YAPIN VEYA 3 GÜNE KADAR BUZDOLABINDA SAKLAYIN.

39. <u>Avokado prosciutto topları</u>

İçindekiler:

- 1/2 su bardağı macadamia fıstığı
- 1/2 büyük avokado, soyulmuş ve çekirdeksiz (yaklaşık 4 ons posa)
- 1 ons pişmiş prosciutto, ufalanmış
- 1/4 çay kaşığı karabiber

Talimatlar:

A) KÜÇÜK BİR MUTFAK ROBOTUNDA, MACADAMİA FINDIKLARINI EŞİT ŞEKİLDE UFALANANA KADAR NABIZLAYIN. YARIYA BÖLÜN.

B) KÜÇÜK BİR KAPTA AVOKADO, MACADAMİA FINDIKLARININ YARISI, PROSCİUTTO PARÇALARI VE KARABİBERİ BİRLEŞTİRİN VE BİR ÇATALLA İYİCE KARIŞTIRIN.

C) KARIŞIMI 6 TOP HALİNE GETİRİN.

D) KALAN UFALANMIŞ MACADAMİA FINDIKLARINI ORTA BOY BİR TABAĞA KOYUN VE EŞİT ŞEKİLDE KAPLAMAK İÇİN TEK TEK TOPLARI YUVARLAYIN.

E) HEMEN SERVİS YAPIN.

40. <u>Barbekü topları</u>

İçindekiler:

- 4 ons (1/2 bardak) krem peynir
- 4 yemek kaşığı pastırma yağı
- 1/2 çay kaşığı duman aroması
- 2 damla stevia gliserit
- 1/8 çay kaşığı elma sirkesi
- 1 yemek kaşığı tatlı füme biber tozu

Talimatlar:

A) KÜÇÜK BİR MUTFAK ROBOTUNDA, BİBER TOZU HARİÇ TÜM MALZEMELERİ PÜRÜZSÜZ BİR KREMA OLUŞANA KADAR YAKLAŞIK 30 SANİYE İŞLEYİN.

B) KARIŞIMI KAZIYIN VE KÜÇÜK BİR KASEYE AKTARIN, ARDINDAN 2 SAAT BUZDOLABINDA SAKLAYIN.

C) BİR KAŞIK YARDIMIYLA 6 TOP HALİNE GETİRİN.

D) TOPLARI HER TARAFI KAPLAYACAK ŞEKİLDE YUVARLAYARAK BİBER TOZU SERPİN.

E) HEMEN SERVİS YAPIN VEYA 3 GÜNE KADAR BUZDOLABINDA SAKLAYIN.

41. <u>Pastırma akçaağaç gözleme topları</u>

İçindekiler:

- 5 dilim şeker ilavesiz pastırma, pişmiş
- 4 ons (1/2 bardak) krem peynir
- 1/2 çay kaşığı akçaağaç aroması
- 1/4 çay kaşığı tuz
- 3 yemek kaşığı ezilmiş pekan cevizi

Talimatlar:

A) BİR KESME TAHTASI ÜZERİNDE PASTIRMAYI KÜÇÜK KIRINTILAR HALİNDE DOĞRAYIN.

B) KÜÇÜK BİR KAPTA KREM PEYNİR VE DOMUZ PASTIRMASI KIRINTILARINI AKÇAAĞAÇ AROMASI VE TUZLA BİRLEŞTİRİN; ÇATALLA İYİCE KARIŞTIRIN.

C) KARIŞIMI 6 TOP HALİNE GETİRİN.

D) EZİLMİŞ CEVİZLERİ ORTA BİR TABAĞA KOYUN VE EŞİT ŞEKİLDE KAPLAMAK İÇİN TEK TEK TOPLARI YUVARLAYIN.

E) HEMEN SERVİS YAPIN VEYA 3 GÜNE KADAR BUZDOLABINDA SAKLAYIN.

42. <u>tereyağlı toplar</u>

İçindekiler:

- 6 yemek kaşığı mascarpone peyniri
- 3 yemek kaşığı şeker ilavesiz ayçiçeği çekirdeği yağı
- 6 yemek kaşığı hindistancevizi yağı, yumuşatılmış
- 3 yemek kaşığı şekersiz kıyılmış hindistan cevizi gevreği

Talimatlar:

A) ORTA BOY BİR KAPTA, PÜRÜZSÜZ BİR MACUN OLUŞANA KADAR MASCARPONE PEYNİRİ, AYÇİÇEK YAĞI VE HİNDİSTANCEVİZİ YAĞINI KARIŞTIRIN.

B) HAMURDAN CEVİZ BÜYÜKLÜĞÜNDE TOPLAR YAPIN. KARIŞIM ÇOK YAPIŞKANSA, TOPLARI OLUŞTURMADAN 15 DAKİKA ÖNCE BUZDOLABINA KOYUN.

C) HİNDİSTAN CEVİZİ PULLARINI ORTA BİR TABAĞA YAYIN VE EŞİT ŞEKİLDE KAPLAMAK İÇİN TEK TEK TOPLARI YUVARLAYIN.

43. Brezilya soğan ısırıkları

İçindekiler:

- 1 küçük Soğan 1/4'd boyuna
- 6 yemek kaşığı Mayonez
- Tuz ve biber
- 6 ekmek dilimi -- kabukları alınmış
- 3 yemek kaşığı Parmesan peyniri - rendelenmiş

Talimatlar:

a) Fırını önceden 350 dereceye ısıtın. Soğanı 5 yemek kaşığı mayonez ve isteğe göre tuz ve karabiberle karıştırın. Kenara koyun. 3 dilim ekmeğin bir tarafına kalan mayonezi sürün. Bunları dörde bölün.

b) Kalan 3 dilim ekmeği dörde bölün ve her kareye soğan karışımı ile eşit şekilde yayın. Ayrılmış ekmek karelerini, mayonez tarafı yukarı bakacak şekilde yerleştirin. Bunları bir fırın tepsisine yerleştirin ve üstlerine cömertçe parmesan peyniri serpin.

c) Hafifçe kızarana ve hafif kabarık olana kadar yaklaşık 15 dakika pişirin. Hemen servis yapın.

44. Pizza topları

İçindekiler:

- 1/4 su bardağı (2 ons) taze mozzarella peyniri
- 2 ons (1/4 bardak) krem peynir
- 1 yemek kaşığı zeytinyağı
- 1 çay kaşığı domates salçası
- 6 büyük kalamata zeytin, çekirdeği çıkarılmış
- 12 taze fesleğen yaprağı

Talimatlar:

A) KÜÇÜK BİR MUTFAK ROBOTUNDA, FESLEĞEN HARİÇ TÜM MALZEMELERİ PÜRÜZSÜZ BİR KREMA OLUŞANA KADAR YAKLAŞIK 30 SANİYE İŞLEYİN.

B) BİR KAŞIK YARDIMIYLA KARIŞIMI 6 TOP HALİNE GETİRİN.

C) HER TOPUN ÜSTÜNE VE ALTINA 1 FESLEĞEN YAPRAĞI YERLEŞTİRİN VE BİR KÜRDAN İLE SABİTLEYİN.

D) HEMEN SERVİS YAPIN VEYA 3 GÜNE KADAR BUZDOLABINDA SAKLAYIN.

45.   Zeytin ve beyaz peynir topları

İçindekiler:

- 2 ons (1/4 bardak) krem peynir
- 1/4 su bardağı (2 ons) beyaz peynir
- 12 büyük kalamata zeytin, çekirdeği çıkarılmış
- 1/8 çay kaşığı ince kıyılmış taze kekik
- 1/8 çay kaşığı taze limon kabuğu rendesi

Talimatlar:

a) Küçük bir mutfak robotunda, tüm malzemeleri kaba bir hamur oluşturana kadar yaklaşık 30 saniye işleyin.

b) Karışımı kazıyın ve küçük bir kaseye aktarın, ardından 2 saat buzdolabında saklayın.

c) Bir kaşık yardımıyla 6 top haline getirin.

d) Hemen servis yapın veya 3 güne kadar buzdolabında saklayın.

46.   Brie fındık topları

İçindekiler:

- 1/2 su bardağı (4 ons) Brie
- 1/4 su bardağı kavrulmuş fındık
- 1/8 çay kaşığı ince kıyılmış taze kekik

Talimatlar:

a) Küçük bir mutfak robotunda, tüm malzemeleri kaba bir hamur oluşturana kadar yaklaşık 30 saniye işleyin.

b) Karışımı kazıyın, küçük bir kaseye aktarın ve 2 saat buzdolabında saklayın.

c) Bir kaşık yardımıyla 6 top haline getirin.

d) Hemen servis yapın veya 3 güne kadar buzdolabında saklayın.

47.   <u>Körili ton balığı topları</u>

İçindekiler:

- 1/4 su bardağı artı 2 yemek kaşığı (3 ons) yağda ton balığı ,süzülmüş
- 2 ons (1/4 bardak) krem peynir
- 1/4 çay kaşığı köri tozu, bölünmüş
- 2 yemek kaşığı ufalanmış macadamia fıstığı

Talimatlar:

a) Küçük bir mutfak robotunda ton balığı, krem peynir ve köri tozunun yarısını pürüzsüz bir krem haline gelene kadar yaklaşık 30 saniye işleyin.

b) Karışımı 6 top haline getirin.

c) Ufalanmış macadamia fındıklarını ve kalan köri tozunu orta boy bir tabağa koyun ve eşit şekilde kaplamak için tek tek topları yuvarlayın.

48. <u>Domuz bombaları</u>

İçindekiler:

- 8 dilim şeker ilavesiz pastırma
- Oda sıcaklığında 8 ons Braunschweiger
- 1/4 su bardağı kıyılmış fıstık
- 6 ons (3/4 fincan) krem peynir, oda sıcaklığına kadar yumuşatılmış
- 1 çay kaşığı Dijon hardalı

Talimatlar:

a) Orta boy bir tavada pastırmayı orta ateşte çıtır çıtır olana kadar her bir tarafı 5 dakika olacak şekilde pişirin. Kağıt havluların üzerine boşaltın ve soğumaya bırakın. Soğuduktan sonra, domuz pastırması büyüklüğünde parçalar halinde ufalayın.

b) Antep fıstığı ile Braunschweiger'ı küçük bir mutfak robotuna yerleştirin ve birleşene kadar nabız atın.

c) Küçük bir karıştırma kabında, krem peynir ve Dijon hardalı bir araya gelene ve kabarık olana kadar çırpmak için bir el blenderi kullanın.

d) Et karışımını 12 eşit porsiyona bölün. Topları yuvarlayın ve ince bir krem peynir karışımı tabakasıyla kaplayın.

e) En az 1 saat soğutun. Servis yapmaya hazır olduğunuzda, pastırma parçalarını orta boy bir tabağa koyun, topları eşit şekilde kaplayacak şekilde yuvarlayın ve tadını çıkarın.

f) Yağ bombaları, hava geçirmez bir kapta 4 güne kadar soğutulabilir.

49. Tuzlu karamel ve brie topları

İçindekiler:

- 1/2 su bardağı (4 ons) kabaca doğranmış Brie
- 1/4 su bardağı tuzlu macadamia fıstığı
- 1/2 çay kaşığı karamel aroması

Talimatlar:

a) Küçük bir mutfak robotunda, tüm malzemeleri kaba bir hamur oluşturana kadar yaklaşık 30 saniye işleyin.

b) Bir kaşık yardımıyla karışımı 6 top haline getirin.

c) Hemen servis yapın veya 3 güne kadar buzdolabında saklayın.

50. kokteyl parti köfte

İçindekiler:

- $\frac{1}{4}$ bardak Yağsız süzme peynir
- 2 Yumurta akı
- 2 çay kaşığı Worcestershire sos
- $\frac{1}{2}$ fincan Ayrıca 2 yemek kaşığı sade ekmek kırıntısı
- 8 ons Öğütülmüş hindi göğsü
- 6 ons hindi sosisi; kasalardan çıkarıldı
- 2 yemek kaşığı Kıyılmış soğan
- 2 yemek kaşığı Kıyılmış yeşil biber
- $\frac{1}{2}$ fincan Kıyılmış taze maydanoz ve kereviz yaprakları

Talimatlar:

a) Bir çerez kağıdına yapışmaz sprey sıkın ve bir kenara koyun.

b) Büyük bir kapta süzme peynir, yumurta akı, Worcestershire sosu ve $\frac{1}{2}$ su bardağı ekmek kırıntılarını karıştırın. Hindi göğsü, hindi sosisi, soğan ve yeşil biberi ilave edip karıştırın.

c) Kanatlı karışımı 32 köfte haline getirin. Yağlı kağıt üzerinde maydanoz, kereviz yaprağı ve kalan 2 yemek kaşığı galeta ununu birleştirin. Köfteleri maydanoz karışımında eşit şekilde kaplanana kadar yuvarlayın.

d) Köfteleri hazırlanan çerez kağıdına aktarın. Isıdan 3 ila 4 inç 10 ila 12 dakika kavurun .

51. kokteyl peynir topları

İçindekiler:

- 8 ons peynir, yumuşatılmış
- $\frac{1}{4}$ bardak Sade yağsız yoğurt
- 4 ons rendelenmiş çedar peyniri
- 4 ons Rendelenmiş yağı azaltılmış İsviçre peyniri
- 2 çay kaşığı Rendelenmiş soğan
- 2 çay kaşığı Hazır yaban turpu
- 1 çay kaşığı Country Tarzı Dijon Hardalı
- $\frac{1}{4}$ su bardağı kıyılmış taze maydanoz

Talimatlar:

a) Peynir ve yoğurdu büyük bir karıştırma kabında birleştirin; pürüzsüz olana kadar bir elektrikli karıştırıcının orta hızında çırpın. Kaşar peyniri ve sonraki 4 malzemeyi ekleyin; iyice karıştırın. Örtün ve en az 1 saat soğutun.

b) Peynir karışımını bir top haline getirin ve maydanoz serpin. Maydanozu peynir topunun içine hafifçe bastırın. Peynir topunu ağır hizmet tipi plastik sargıya sarın ve soğutun. Çeşitli tuzsuz krakerlerle servis yapın.

52.   Lezzet ile ham

İçindekiler:

- 2 çay kaşığı Zeytin yağı
- 1 fincan İnce doğranmış soğan
- 1 çorba kaşığı Kıyılmış sarımsak
- 1 fincan Konserve ezilmiş domates
- 1 çay kaşığı taze limon suyu
- $\frac{1}{4}$ bardak güneşte kurutulmuş domatesler
- $\frac{1}{4}$ bardak çekirdeksiz yeşil zeytin; (yaklaşık 10)
- $\frac{1}{4}$ bardak (paketlenmiş) taze fesleğen yaprağı
- 4 büyük Süzülmüş konserve enginar kalbi
- 2 yemek kaşığı kıyılmış taze maydanoz
- 2 yemek kaşığı kavrulmuş çam fıstığı
- çeşitli sebzeler

Talimatlar:

a) Yağı orta yapışmaz tavada ısıtın: orta ateşte tavada. Soğanı ekleyin ve yumuşamaya başlayana kadar yaklaşık 3 dakika soteleyin. Sarımsak ekleyin; 30 saniye soteleyin. Konserve domates ve limon suyu ile karıştırın. Kaynamaya getirin. Ateşten alın.

b) Güneşte kurutulmuş domatesleri ve sonraki 5 malzemeyi işlemcide birleştirin. Açma/kapama dönüşlerini kullanarak, sebzeler iyice doğranana kadar işleyin. Orta kaseye aktarın. Domates karışımını karıştırın. Tuz ve karabiber serpin.

53. yeşil ve beyaz ham maddeler

İçindekiler:

54. $\frac{1}{2}$ fincan Sade yoğurt
55. $\frac{1}{2}$ fincan Ekşi krema
56. $\frac{1}{2}$ fincan mayonez
57. $1\frac{1}{2}$ çay kaşığı Beyaz şarap sirkesi; ya da tatmak
58. $1\frac{1}{2}$ çay kaşığı İri taneli hardal
59. 1 büyük Diş sarımsak; kıyılmış ve püre
60. 1 çay kaşığı Anason tohumu; ezilmiş
61. 2 çay kaşığı Fransız İçkisi; ya da tatmak
62. $1\frac{1}{2}$ yemek kaşığı Kıyılmış tarhun yaprakları
63. 12 bardak çeşitli ham maddeler

Talimatlar:

a) Bir kapta otlar hariç tüm malzemeleri tatmak için tuz ve karabiberle birlikte çırpın. Soğuk daldırma, üstü kapalı, en az 4 saat ve 4 güne kadar. Servis yapmadan hemen önce tarhun ve frenk maydanozu ile karıştırın.

b) Hamurları katmanlı bir servis tabağına veya büyük bir sepete dekoratif bir şekilde yerleştirin ve dip sos ile servis edin.

54. alabaşlar

İçindekiler:

- $\frac{1}{2}$ fincan Soya sosu; ışık
- $\frac{1}{2}$ fincan Pirinç sirkesi
- 1 çay kaşığı Susam taneleri; tost
- 1 çorba kaşığı Taze soğan; kıyılmış
- 4 bardak Alabaş dilimleri; parçalar halinde kesmek

Talimatlar:

a) Soya sosu, sirke, susam tohumları ve yeşil soğanları birleştirin.

b) Alabaş parçalarıyla çevrili bir kasede servis yapın. Yemek için seçtikleri sağlayın.

55.   Sebze ham maddeleri ile remoulade

İçindekiler:

- ½ fincan Creole veya kahverengi hardal
- ½ fincan Salata yağı
- ¼ bardak Kedicik
- ¼ bardak Elma sirkesi
- ¼ çay kaşığı Tabasco sosu
- 2 yemek kaşığı İnce kıyılmış kereviz
- 2 yemek kaşığı İnce doğranmış soğan
- 2 yemek kaşığı İnce kıyılmış yeşil biber
- çeri domatesler
- mantar dilimleri
- salatalık dilimleri
- kereviz dilimleri
- havuç dilimleri

Talimatlar:

a) Hardal, yağ, ketçap, sirke, Tabasco ve doğranmış sebzeleri birleştirin; örtün ve soğutun.

b) Daldırmayı bütün ve dilimlenmiş sebzelerle servis edin.

56.   İskelet ham

İçindekiler:

- 3 bardak Az yağlı yoğurt
- 1 fincan Mayo
- $\frac{1}{2}$ fincan Şeftali reçeli
- 1 çay kaşığı portakal suyu
- $\frac{1}{2}$ çay kaşığı köri tozu
- $\frac{1}{2}$ çay kaşığı Biber.

İskelet Malzemeler

- 1 adet uzunlamasına ortadan ikiye bölünmüş kabak
- 1 adet ikiye bölünmüş sarı kabak
- 6 sap kereviz boyuna ikiye bölünmüş
- 1 salatalık kamalara dilimlenmiş
- 1 adet çubuk şeklinde kesilmiş havuç
- 10 parmak bebek havuç
- 2 inç kalınlığında şeritler halinde kesilmiş 1 kırmızı biber
- 2 inç kalınlığında şeritler halinde kesilmiş 1 sarı biber
- 2 brokoli çiçeği / 2 karnabahar çiçeği
- 10 kar bezelye / 2 çeri domates
- 2 mantar / 1 turp
- 4 yeşil fasulye / 2 sarı fasulye

Talimatlar:

a) 3 su bardağı az yağlı yoğurt, 1 su bardağı mayonez, $\frac{1}{2}$ su bardağı şeftali reçeli, 1 çorba kaşığı portakal suyu, $\frac{1}{2}$ çay kaşığı köri tozu ve $\frac{1}{2}$ çay kaşığı biberi kurukafa büyüklüğünde bir kasede veya oyulmuş marulda karıştırın. soğutun.

b) iskelet birleştirin

57. Baharatlı kış ham

İçindekiler:

- 1 Kırmızı soğan; soyulmuş dilimlenmiş
- 1 adet yeşil biber; tohumlanmış ve kesilmiş
- 1 Kırmızı veya sarı biber; tohumlanmış ve kesilmiş
- 1 Şalgam; soyulmuş ve ince
- 2 su bardağı karnabahar çiçeği
- 2 su bardağı brokoli çiçeği
- 1 su bardağı Bebek havuç; kesilmiş
- $\frac{1}{2}$ su bardağı ince dilimlenmiş turp
- 2 yemek kaşığı Tuz
- $1\frac{1}{2}$ su bardağı zeytinyağı
- 1 Sarı soğan; soyulmuş ve ince; kıyılmış
- $\frac{1}{8}$ çay kaşığı Safran ipleri
- Bir   tutam   Zerdeçal,Öğütülmüş kimyon,karabiber,Paprika,Cayenne,Tuz

Talimatlar:

a) Hazırlanan sebzeleri geniş bir kaseye alın, üzerlerine 2 yemek kaşığı tuz serpin ve soğuk suyu ekleyin.

b) Ertesi gün sebzeleri süzün ve yıkayın. Soğanı, baharatları ve tuzu zeytinyağında 10 dakika karıştırarak marinesini hazırlayın.

c) Sebzeleri 9 x 13 inçlik bir tabağa yayın. Üzerlerine sıcak turşuyu dökün.

d) Soğuk veya oda sıcaklığında servis yapmak için dekoratif bir kaseye aktarın.

58.   Üç renkli hamsi tabağı

İçindekiler:

- $\frac{1}{4}$ bardak Artı 1T kırmızı şarap sirkesi
- 3 yemek kaşığı Dijon hardalı
- $\frac{1}{2}$ fincan Artı 2 T zeytinyağı
- 2 yemek kaşığı Kıyılmış taze fesleğen VEYA
- 2 çay kaşığı Kurutulmuş fesleğen
- 2 yemek kaşığı Kıyılmış taze frenk soğanı veya
- Yeşil soğanlar
- 1 çay kaşığı kıyılmış taze biberiye
- 2 Büyük salatalık, soyulmuş,
- 2 çay kaşığı Tuz
- 2 Büyük çiğ pancar, soyulmuş, rendelenmiş
- 2 Büyük havuç, soyulmuş, rendelenmiş
- 2 büyük kabak, rendelenmiş
- 1 Demet turp, doğranmış

Talimatlar:

a) Küçük bir kapta karıştırmak için sirke ve Dijon hardalı çırpın. Yavaş yavaş zeytinyağında çırpın. Fesleğen, frenk soğanı ve biberiye ile karıştırın. Tuz ve karabiber serpin.

b) Salatalıkları ve 2 çay kaşığı tuzu kaseye atın. 1 saat bekletin. İyice durulayın ve süzün. Salatalıkları küçük bir kaseye koyun; kaplayacak kadar pansuman ekleyin.

c) Pancar, havuç ve kabakları ayrı kaselere alın. Her sebzeyi kaplayacak kadar sosla atın.

59.   Tepside höyük sebzeler

İçindekiler:

- 1 fincan Konserve mısır, süzülmüş
- 1 küçük Yeşil soğan, doğranmış
- 1 yeşil biber, doğranmış
- 1 diş sarımsak, kıyılmış
- 1 taze domates, doğranmış
- $\frac{1}{4}$ bardak Taze maydanoz, kıyılmış
- $\frac{1}{4}$ bardak Sızma zeytinyağı
- 2 yemek kaşığı balzamik sirke
- Tuz , Biber
- 1 yeşil soğan, kıyılmış

Talimatlar:

A) MISIRI SOĞAN, YEŞİL BİBER, SARIMSAK VE DOMATESLE KARIŞTIRIN. AYRI BİR KÜÇÜK KAPTA VEYA FİNCANDA ZEYTİNYAĞI VE SİRKEYİ KARIŞTIRIN.

B) SEBZENİN ÜZERİNE DÖKÜN, MAYDANOZLA KARIŞTIRIN; TUZ VE KARABİBERLE TATLANDIRIN. HER PORSİYONU YEŞİL SOĞANLA SÜSLEYİN.

60. Keçi Peyniri Guacamole

Servis: 4-6

İçindekiler

- 2 avokado
- 3 ons keçi peyniri
- 2 limon kabuğu rendesi
- 2 limondan limon suyu
- $\frac{3}{4}$ çay kaşığı sarımsak tozu
- $\frac{3}{4}$ çay kaşığı soğan tozu
- $\frac{1}{2}$ çay kaşığı tuz
- $\frac{1}{4}$ çay kaşığı kırmızı biber gevreği (isteğe bağlı)
- $\frac{1}{4}$ çay kaşığı biber

Talimatlar:

a) Bir mutfak robotuna avokado ekleyin ve pürüzsüz olana kadar karıştırın. Malzemelerin geri kalanını ekleyin ve özleşene kadar karıştırın.

b) Cips ile servis yapın.

61.   Bavyera partisi düşüşü/yayılması

Verim: 1 1/4 libre

İçindekiler:

- $\frac{1}{2}$ su bardağı Soğan, kıyılmış
- 1 pound Braunschweiger
- 3 ons Krem peynir
- $\frac{1}{4}$ çay kaşığı Karabiber

Talimatlar:

a) Soğanları sık sık karıştırarak 8-10 dakika soteleyin ; ısıdan çıkarın ve boşaltın. Kabuğu Braunschweiger'den çıkarın ve eti pürüzsüz olana kadar krem peynirle karıştırın. Soğan ve biberle karıştırın.

b) Kraker, ince dilimlenmiş parti çavdar üzerine yayılmış bir ciğer olarak servis yapın veya havuç, kereviz, brokoli, turp, karnabahar veya çeri domates gibi çeşitli taze çiğ sebzeler eşliğinde sos olarak servis yapın.

62. Fırında enginar parti sosu

İçindekiler:

- 1 somun büyük koyu çavdar ekmeği
- 2 yemek kaşığı Tereyağı
- 1 demet Yeşil soğan; kıyılmış
- 6 diş taze sarımsak; ince kıyılmış, 8'e kadar
- 8 ons Krem peynir; oda sıcaklığında
- 16 ons Ekşi krema
- 12 ons rendelenmiş çedar peyniri
- 1 can (14 oz.) enginar göbeği; süzülmüş ve dörde bölünmüş (su dolu, marine edilmemiş)

Talimatlar:

a) Ekmek somununun tepesinde yaklaşık 5 inç çapında bir delik açın. Kesilen kısımdan yumuşak ekmeği çıkarın ve atın. Somun için üst yapmak için kabuğu ayırın.

b) Ekmeğin yumuşak iç kısmının çoğunu çıkarın ve doldurma veya kurutulmuş galeta unu gibi başka amaçlar için saklayın. tereyağında,

c) Yeşil soğanları ve sarımsağı soğanlar soluncaya kadar soteleyin . Krem peyniri küçük parçalar halinde kesin, soğan, sarımsak, ekşi krema ve çedar peynirini ekleyin. İyice karıştırın. Enginar kalplerini katlayın , bu karışımın tamamını içi oyulmuş ekmek haline getirin. Üstünü ekmeğin üzerine yerleştirin ve ağır hizmet tipi bir alüminyum folyoya sarın . 350 derece fırında $1\frac{1}{2}$ saat pişirin.

d) Hazır olduğunuzda, folyoyu çıkarın ve sosu batırmak için kokteyl çavdar ekmeği kullanarak servis yapın.

63. Kuşkonmaz ve beyaz peynirli kanepeler

Bileşen
- 20 dilim İnce beyaz ekmek
- 4 ons mavi peynir
- 8 ons Krem peynir
- 1 Yumurta
- 20 Spears konserve kuşkonmaz süzülmüş
- $\frac{1}{2}$ su bardağı Eritilmiş tereyağı

Talimatlar:

a) Ekmeklerin kabuklarını kesin ve merdane ile düzleştirin. Peynirleri ve yumurtayı uygulanabilir bir kıvama gelinceye kadar karıştırın ve her bir ekmek dilimine eşit şekilde yayın. Her dilimin üzerine bir kuşkonmaz mızrağı yerleştirin ve sarın. İyice kaplamak için eritilmiş tereyağına batırın. Çerez kağıdına yerleştirin ve dondurun.

b) Sıkıca donduğunda, lokma büyüklüğünde parçalar halinde dilimleyin. (Gelecek bir tarih için donuyorsa, ısırık büyüklüğünde parçaları bir dondurucu torbasına koyun - pişirmek için buzunu çözmeyin) Çerez kağıdına yerleştirin ve 400 F'de 20 dakika pişirin.

64.   <u>Kızarmış deniz ürünleri kanepeleri</u>

Bileşen
- 1 fincan Pişmiş deniz ürünleri, kuşbaşı
- 6 dilim Beyaz ekmek
- $\frac{1}{4}$ bardak Tereyağı
- $\frac{1}{4}$ bardak Çedar veya 1/3 su bardağı ketçap veya acı sos
- Amerikan peyniri, rendelenmiş

Talimatlar:
a) Bir tarafta tost ekmeği; kabukları kesin ve ekmeği ikiye bölün.
b) Tereyağı kızartılmamış taraflar; bir kat deniz ürünü, ardından ketçap ve üstünü peynirle kaplayın. Kanapeleri ızgaranın altındaki bir fırın tepsisine yerleştirin .
c) Peynir eriyene ve kanepeler iyice ısınana kadar kavurun.
d) 12 kanepe yapar .

65. Havyarlı kanepeler ve ordövrler

Bileşen

- şekiller veya Melbas şeklinde kesilmiş ekmek
- yumurta salatası yayılması
- havyar, kıyılmış soğan ve limon
- Meyve suyu
- garnitür olarak tek bir küçük karides.
- bir halka dilimlenmiş, çiğ, yumuşak soğan

Talimatlar:

a) salatalık dilimini Fransız Sosuna batırın ve yerleştirin soğan halkası içi

b) Salatalığın üzerini küçük bir havyar yığınıyla kaplayın. limon ve soğan suyu

c) Kapari, frenk soğanı veya haşlanmış yumurta ile süsleyin

.

66.   Fromage-chevre kanepeler

Bileşen

- 10 küçük Kırmızı patates (3/4 pound)
- sebze pişirme spreyi
- $\frac{1}{4}$ çay kaşığı Tuz
- $\frac{1}{4}$ bardak Yağsız süt
- 6 ons Chevre, (yumuşak keçi peyniri)
- 20 Belçika hindiba yaprağı, (3 orta boy baş)
- 10 adet çekirdeksiz kırmızı üzüm, ikiye bölünmüş
- 1 yemek kaşığı Havyar

Talimatlar:

a) Patatesleri üzeri kapalı olarak 13 dakika veya yumuşayana kadar buharda pişirin; soğumaya bırakın.

b) Patatesleri pişirme spreyi ile hafifçe kaplayın ve ikiye bölün. Ayağa kalkmaları için her patates yarısının altından ince bir dilim kesin ve atın.

c) Yarım patatesi tuz serpin.

d) Süt ve peyniri bir kapta birleştirin; iyice karıştırın.

e) Karışımı büyük bir yıldız uç takılmış bir sıkma torbasına kaşıkla koyun; Karışımı patates yarımlarına ve hindiba yapraklarına sıkın. Her hindiba yaprağının üzerine bir yarım üzüm koyun. İsterseniz örtün ve soğutun.

67.   Doyurucu mantarlı kanepeler

Bileşen

- $\frac{1}{4}$ bardak Doğranmış mantar
- $\frac{1}{4}$ bardak Rendelenmiş Monterey Jack Peyniri
- $\frac{1}{4}$ su bardağı Mayonez
- 3 dilim çavdar ekmeği
- $1\frac{1}{2}$ çay kaşığı Rendelenmiş Parmesan peyniri

Talimatlar:

a) Çavdar ekmeğini kızartın ve ikiye bölün.
b) Her bir yarısını mantar-peynir karışımı ile kaplayın ve Parmesan serpin ve 350 F.'de 15-20 dakika veya peynir kabarcıklı olana kadar pişirin.

68.   Rumaki kanepeler

Bileşen
- $\frac{1}{2}$ fincan su
- 1 çay kaşığı Tavuk bulyonu
- 250 gram Tavuk ciğerleri
- 1 çorba kaşığı Şoyu
- $\frac{1}{2}$ çay kaşığı Soğan tozu, kuru hardal
- $\frac{1}{4}$ çay kaşığı küçük hindistan cevizi
- $\frac{1}{4}$ bardak Kuru şeri
- 1 tire Biber sosu
- 220 gram Kestane
- 6 Pastırma

Talimatlar:

a) 1 litre güveçte su, bulyon ve ciğerleri birleştirin. Artık pembeleşene kadar yüksek 4-5 dakika pişirin. Boşaltmak.

b) Pastırmayı kağıt havlu üzerinde çıtır çıtır olana kadar yüksek 5-6 dakika pişirin . Parçalayın ve bir kenara koyun.

c) Ciğer, shoyu, soğan ve hardal, küçük hindistan cevizi ve şeriyi mutfak robotuna koyun. Pürüzsüz olana kadar karıştır. Biber salçasını azar azar ekleyin. Su kestanesi ve pastırmayı karıştırın.

d) Tost üçgenleri veya krakerlerin üzerine kalın bir şekilde yayın. Önceden hazırlayın ve kağıt kaplı bir tabağa yerleştirerek tekrar ısıtın. Tamamen ısınana kadar 1-2 dakika orta-yüksek güç kullanın .

e) Zeytin dilimi veya yenibahar ile süsleyin.

69.   <u>somon mus kanepeler</u>

Bileşen

- $7\frac{1}{2}$ ons Konserve kırmızı somon, süzülmüş
- 2 ons Füme somon, 1 inçlik parçalar halinde kesilmiş
- $\frac{1}{4}$ çay kaşığı Rendelenmiş limon kabuğu
- 3 yemek kaşığı yağsız mayonez
- 1 yemek kaşığı taze limon suyu
- $\frac{1}{4}$ bardak Kıyılmış kırmızı dolmalık biber
- 2 yemek kaşığı Kıyılmış yeşil soğan
- 1 yemek kaşığı Kıyılmış taze maydanoz
- 1 çizgi Taze çekilmiş biber
- 8 dilim Parti usulü çavdar ekmeği
- 8 dilim Parti usulü çavdar ekmeği
- 4 Çavdarlı kıtır ekmek kraker, ikiye bölünmüş
- $\frac{1}{2}$ su bardağı yonca filizi

Talimatlar:

a) Konserve somonun derisini ve kemiklerini atın; çatalla pul somon.

b) Bıçak ağzını mutfak robotu kasesine yerleştirin; somon, füme somon ve sonraki 3 malzemeyi ekleyin. Pürüzsüz olana kadar işleyin.

c) Bir kaseye dökün; dolmalık biber ve sonraki 3 malzemeyi karıştırın. Örtün ve soğutun. Verim: 2 düzine meze (porsiyon boyutu: 1 meze).

70. Filiz dolgulu kanepeler

Bileşen
- 1 paket istenilen şekil kanepeler
- 1 su bardağı Fasulye filizi
- $\frac{1}{2}$ su bardağı İnce kıyılmış soğan
- $\frac{1}{2}$ su bardağı ince doğranmış domates
- $\frac{1}{4}$ su bardağı ince kıyılmış kişniş
- $\frac{1}{4}$ su bardağı ince doğranmış haşlanmış patates
- $\frac{1}{2}$ Limon
- tatmak için tuz
- Taze çekilmiş kimyon tohumu tozu
- 4 ince kıyılmış yeşil biber; (4 ila 5)
- 1 su bardağı Fine bikaneri sev; (isteğe bağlı)
- $\frac{1}{2}$ su bardağı demirhindi turşusu
- $\frac{1}{2}$ fincan Yeşil Hint turşusu
- Kızartmak için sıvı yağ veya fırında pişirmek için

Talimatlar:

a) Açık kahverengi olana kadar derin kızartın. Mutfak havlusu üzerine boşaltın. Tüm kanepeleri yapın ve bir kenara koyun.

b) Soğan, domates, patates, kişnişin yarısı, limon, tuz ve yeşil biberi karıştırın. Bir süre soğutun.

c) Karışımı kanepelere servis etmeden önce , üstüne her iki Hint turşusundan da birer tutam koyun. Bir tutam tuz ve kimyon tozu (jeera) serpin. Sev ve kalan kişniş ile süsleyin.

71.   Ton balığı ve salatalık ısırıkları

- 2 (5 ons) kutu ton balığı, suda paketlenmiş, süzülmüş
- 2 büyük haşlanmış yumurta, soyulmuş ve doğranmış
- 1/2 su bardağı mayonez
- 1/2 çay kaşığı tuz
- 1/2 çay kaşığı karabiber
- 2 çay kaşığı keçi peyniri
- 1 orta boy salatalık, yuvarlak kesilmiş

Talimatlar:

a) Ton balığını doğranmış yumurta, mayonez, tuz ve karabiberle birlikte orta boy bir kaba koyun. Birleşene kadar çatalla ezin.

b) Her bir salatalık diliminin üzerine eşit miktarda keçi peyniri sürün ve üzerine ton balıklı salata karışımını ekleyin.

72.   pancar meze salatası

Bileşen

- 2 pound Pancar
- Tuz
- her biri ½ İspanyol soğanı, doğranmış
- 4 Domates, kabuklu, çekirdeksiz ve küp doğranmış
- 2 yemek kaşığı Sirke
- 8 yemek kaşığı zeytinyağı
- Siyah zeytin
- Her biri 2 Diş sarımsak, kıyılmış
- 4 yemek kaşığı İtalyan maydanozu, kıyılmış
- 4 yemek kaşığı Kişniş, kıyılmış
- 4 ortam Patates, haşlanmış
- Tuz ve biber
- Acı kırmızı biber

Talimatlar:

a) Pancarların uçlarını kesin. İyice yıkayın ve kaynayan tuzlu suda yumuşayana kadar pişirin. Akan soğuk su altında derileri boşaltın ve çıkarın. Zar.

b) Sos malzemelerini birlikte karıştırın.

c) Pancarları bir salata kasesinde soğan, domates, sarımsak kişniş ve maydanozla birleştirin. Sosun yarısını üzerine dökün, hafifçe karıştırın ve 30 dakika soğutun. Patatesleri dilimleyin, sığ bir kaseye koyun ve kalan sosla birlikte atın. Sakin olmak.

d) Bir araya getirmeye hazır olduğunuzda, sığ bir kasenin ortasına pancar, domates ve soğanı ve etraflarında bir halka şeklinde patatesleri düzenleyin. Zeytin ile süsleyin.

73. Körili yumurta salatası hindiba bardağı

Bileşen

- 1 büyük haşlanmış yumurta, soyulmuş
- 1 çay kaşığı toz köri
- 1 yemek kaşığı hindistan cevizi yağı
- 1/8 çay kaşığı deniz tuzu
- 1/8 çay kaşığı karabiber
- 2 Belçika hindiba yaprağı, yıkanmış ve kurutulmuş

Talimatlar:

A) KÜÇÜK BİR MUTFAK ROBOTUNDA HİNDİBA HARİÇ TÜM MALZEMELERİ İYİCE KARIŞANA KADAR KARIŞTIRIN.

B) HER HİNDİBA BARDAĞINA 1 ÇORBA KAŞIĞI YUMURTA SALATASI KARIŞIMI KOYUN.

C) HEMEN SERVİS YAPIN.

74.   Nasturtium karides meze salatası

Bileşen

- 2 çay kaşığı taze limon suyu
- $\frac{1}{4}$ su bardağı zeytinyağı
- Tuz ve biber
- 1 su bardağı Pişmiş karides; kıyılmış
- 2 yemek kaşığı Kıyılmış soğan
- 1 küçük Domates; küp şeklinde
- 1 Avokado; küp şeklinde
- Lahana Yaprakları
- 2 yemek kaşığı Kıyılmış nasturtium yaprağı
- natürmort çiçekleri

Talimatlar:

a) Limon suyu ve yağı birlikte çırpın. Tuz ve karabiber serpin. Soğan ve karides ekleyin ve karıştırın. 15 dakika bekletin.

b) Domates, avokado ve doğranmış nasturtium yapraklarını ekleyin. Marul yapraklarının üzerine koyun ve taze bütün nasturtium çiçekleriyle çevreleyin.

75. Kabak meze salatası

Bileşen

- ½ fincan Taze limon suyu
- ½ fincan Salata yağı
- 1 büyük Diş sarımsak
- Tatmak için biber ve tuz
- 2 tutam Şeker
- 8 kabak
- Lahana Yaprakları
- 2 ortam boy domates
- ½ küçük doğranmış yeşil biber
- 3 yemek kaşığı Çok ince kıyılmış maydanoz
- 1 çorba kaşığı kapari
- 1 dal maydanoz
- 1 çay kaşığı Reyhan
- ½ çay kaşığı Kekik

Talimatlar:

a) Hazırlama : Tüm malzemeleri birleştirin ve bir kenara koyun.

b) Salata: Soyulmamış bütün kabağı tuzlu suda yaklaşık 5 dakika açıkta pişirin. Pişirme işlemini durdurmak için sıcak suyu boşaltın ve hemen soğuk suyla durulayın. Boşaltmak. Her kabağı uzunlamasına ikiye bölün.

c) Hamuru dikkatlice çıkarın . Kabağı, metal olmayan düz bir kaba kesik tarafları yukarı gelecek şekilde dizin. Pansumanın yarısı ile örtün.

d) Folyo ile sıkıca kapatın. en az 4 saat marine etmek için buzdolabına koyun.

76.   <u>Biber salatası meze</u>

Bileşen

77.   6 büyük tatlı biber

78. 1 orta boy Soğan; kabaca kıyılmış

79.   Tatmak için biber ve tuz

80.   3 yemek kaşığı sirke (istenirse daha fazla)

81. $\frac{1}{4}$ su bardağı zeytinyağı

82.   Kekik

Talimatlar:

a) Biberleri sıcak 450 F fırında yaklaşık 20 dakika veya solana ve yumuşayana kadar pişirin. Tohumları ve dış cildi çıkarın.

b) Parçalara ayırın ve bir kaseye koyun. Soğan, tuz ve karabiber ekleyin. Sirke ve zeytinyağını karıştırıp biberlere ekleyin.

c) Kekik serpin. Gerekirse baharatı ayarlayın.

77. Parti meze salatası

Bileşen

- 1 can (16 oz.) enginar göbeği; süzülmüş/yarıya bölünmüş
- 1 pound Dondurulmuş brüksel lahanası
- $\frac{3}{4}$ pound Kiraz domates
- 1 Kavanoz (5 3/4 ons) yeşil İspanyol zeytini; süzülmüş
- 1 Kavanoz (12 ons) pepperoncini biberi; süzülmüş
- 1 pound Taze mantar; temizlendi
- 1 kutu (16 oz.) avuç içi kalbi; isteğe bağlı
- 1 pound Pepperoni veya salam; küp şeklinde
- 1 Kavanoz (16 oz.) siyah zeytin; süzülmüş
- $\frac{1}{4}$ bardak kırmızı şarap sirkesi
- $\frac{3}{4}$ bardak Zeytin yağı
- $\frac{1}{2}$ çay kaşığı Şeker
- 1 çay kaşığı Dijon hardalı
- Tuz; tatmak
- Taze kara biber; tatmak

Talimatlar:

a) Vinaigrette eklemeden önce tüm malzemeleri birleştirin.

b) 24 saat buzdolabında bekletin.

78. Pembe parti salatası

Bileşen

- 1 can (2 numara) ezilmiş ananas
- 24 büyük Marşmelov
- 1 paket çilekli jöle
- 1 fincan Krema
- 2 bardak Sm. süzme peynir
- $\frac{1}{2}$ fincan Fındık; kıyılmış

Talimatlar:

a) Ananasın suyunu marshmallow ve jöle ile ısıtın. Serin.
b) Krem şanti, ananas, süzme peynir ve fındıkları karıştırın. İlk karışımı ekleyin ve yoğurun.
c) Gece boyunca soğutun.

79. <u>Cajun spam partisi salatası</u>

Bileşen

- 8 ons Vagon tekerlek şekli makarna
- 1 can Marine edilmiş enginar kalbi (6 oz)
- 1 can SPAM Öğle Yemeği Et, kuşbaşı (12 oz)
- ⅓ fincan Zeytin yağı
- ¼ bardak Creole baharat karışımı
- 1 çorba kaşığı Limon suyu
- 1 çorba kaşığı Mayonez veya salata sosu
- 1 çorba kaşığı Beyaz şarap sirkesi
- 1 fincan dolmalık biber
- ½ fincan Kıyılmış kırmızı soğan
- ½ fincan Dilimlenmiş olgun zeytin
- Taze fesleğen ve Kurutulmuş kekik
- ½ çay kaşığı Kuru hardal
- ½ çay kaşığı kurutulmuş kekik yaprakları
- 1 diş sarımsak, kıyılmış

Talimatlar:

a) Enginarı boşaltın, turşuyu ayırın; dörde bölün.

b) Büyük bir kapta, tüm salata malzemelerini birleştirin. Karıştırıcıda, ayrılmış enginar turşusunu kalan sos malzemeleriyle birleştirin.

c) Pürüzsüz olana kadar işleyin. Salataya sosu ekleyin, iyice savurun. Örtün ve birkaç saat veya gece boyunca soğutun.

80.   <u>kokteyl teriyaki</u>

Bileşen

- $3\frac{1}{2}$ pound Yağsız sığır eti
- 1 fincan Soya sosu
- 3 diş sarımsak; ince kıyılmış
- 2 yemek kaşığı taze rendelenmiş zencefil
- 1 çay kaşığı Aksan

Talimatlar:

a) Sığır eti $\frac{1}{2}$ inçlik küpler halinde kesin. Soya sosu, zencefil, sarımsak ve Accent'i birleştirin.

b) Karışımın 1 saat karışmasını sağlayın. Sığır eti ekleyin ve bir gece buzdolabında plastik bir torbada veya sığ bir plastik veya cam kapta ara sıra karıştırarak marine edin.

c) Et küplerini küçük bambu çubuklara, çubuk başına yaklaşık 4-5 tane olacak şekilde şişleyin. Yaklaşık 70 kokteyl kebap yapar.

d) Folyo kaplı tepsiye aktif olarak bir t r düzenleyin ve konukların habachi veya ızgarada ayrı ayrı kızartmalarına izin verin.

81. <u>jambon cipsi</u>

Bileşen

- 12 (1 ons) dilim prosciutto

- Yağ

Talimatlar:

A) FIRINI 350 ° F'YE ISITIN.

B) FIRIN TEPSİSİNİ PARŞÖMEN KAĞIDI İLE KAPLAYIN VE PROSCİUTTO DİLİMLERİNİ TEK BİR TABAKA HALİNDE YERLEŞTİRİN. 12 DAKİKA VEYA PROSCİUTTO ÇITIR ÇITIR OLANA KADAR PİŞİRİN.

C) YEMEDEN ÖNCE TAMAMEN SOĞUMAYA BIRAKIN.

82.   <u>Pancar Cips</u>

Bileşen

- 10 orta boy kırmızı pancar
- 1/2 su bardağı avokado yağı
- 2 çay kaşığı deniz tuzu
- 1/2 çay kaşığı granül sarımsak

Talimatlar:

A) FIRINI 350 ° F'YE ISITIN. BİRKAÇ FIRIN TEPSİSİNİ PARŞÖMEN KAĞIDI İLE KAPLAYIN VE BİR KENARA KOYUN.

B) PANCARLARI SEBZE KESİCİ İLE SOYUN VE UÇLARINI KESİN. PANCARLARI BİR MANDOLİN DİLİMLEYİCİ VEYA KESKİN BİR BIÇAKLA DİKKATLİCE YAKLAŞIK 3 MM KALINLIĞINDA HALKALAR HALİNDE DİLİMLEYİN.

C) DİLİMLENMİŞ PANCARLARI GENİŞ BİR KASEYE ALIN VE YAĞ, TUZ VE GRANÜL SARIMSAK EKLEYİN. HER DİLİMİ KAPLAMAK İÇİN ATIN. TUZUN FAZLA NEMİ ÇEKMESİNE İZİN VEREREK 20 DAKİKA AYIRIN.

D) FAZLA SIVIYI BOŞALTIN VE DİLİMLENMİŞ PANCARLARI HAZIRLANAN FIRIN TEPSİLERİNE TEK BİR TABAKA HALİNDE YERLEŞTİRİN. 45 DAKİKA VEYA GEVREK OLANA KADAR PİŞİRİN.

E) FIRINDAN ÇIKARIN VE SOĞUMAYA BIRAKIN. 1 HAFTAYA KADAR YEMEYE HAZIR OLANA KADAR HAVA GEÇİRMEZ BİR KAPTA SAKLAYIN.

83.   arpa cips

Bileşen

- 1 fincan çok amaçlı un
- $\frac{1}{2}$ su bardağı Arpa unu
- $\frac{1}{2}$ bardak haddelenmiş arpa (arpa
- gevreği)
- 2 yemek kaşığı şeker
- $\frac{1}{4}$ çay kaşığı Tuz
- 8 yemek kaşığı (1 çubuk) tereyağı veya
- Margarin, yumuşatılmış
- $\frac{1}{2}$ fincan Süt

Talimatlar:

a) Büyük bir kapta veya mutfak robotunda unları, arpayı, şekeri ve tuzu karıştırın.

b) Karışım kaba bir öğüne benzeyene kadar tereyağını kesin. Yapışkan bir top halinde bir arada tutacak bir hamur oluşturmak için yeterince süt ekleyin.

c) Açmak için hamuru 2 eşit parçaya bölün. Unlu bir yüzeyde veya pasta bezinde, $\frac{1}{8}$ ila $\frac{1}{4}$ inç arasında yuvarlayın. 2 inçlik daireler veya kareler halinde kesin ve hafifçe yağlanmış veya parşömen kaplı bir fırın tepsisine yerleştirin. Her krakeri çatalın dişleriyle 2 veya 3 yerinden delin.

d) 20 ila 25 dakika veya orta kahverengi olana kadar pişirin. Bir tel raf üzerinde soğutun.

84. Çedarlı meksika eriyen cipsler

Bileşen

- 1 su bardağı rendelenmiş keskin Cheddar peyniri
- 1/8 çay kaşığı granül sarımsak
- 1/8 çay kaşığı biber tozu
- 1/8 çay kaşığı öğütülmüş kimyon
- 1/16 çay kaşığı acı biber
- 1 yemek kaşığı ince kıyılmış kişniş
- 1 çay kaşığı zeytinyağı

Talimatlar:

A) FIRINI 350 ° F'YE ISITIN. PARŞÖMEN KAĞIDI VEYA SİLPAT MATI İLE BİR KURABİYE YAPRAĞI HAZIRLAYIN.

B) TÜM MALZEMELERİ ORTA BOY BİR KAPTA İYİCE BİRLEŞENE KADAR KARIŞTIRIN.

C) HAZIRLANAN ÇEREZ KAĞIDINA YEMEK KAŞIĞI BÜYÜKLÜĞÜNDE PORSİYONLAR HALİNDE BIRAKIN.

D) KENARLARI KIZARMAYA BAŞLAYANA KADAR 5-7 DAKİKA PİŞİRİN.

E) BİR SPATULA İLE KURABİYE SAYFASINDAN ÇIKARMADAN ÖNCE 2-3 DAKİKA SOĞUMAYA BIRAKIN.

85.   <u>biberli cips</u>

Bileşen

- 24 dilim şekersiz pepperoni

- Yağ

Talimatlar:

A) FIRINI 425 ° F'YE ISITIN.

B) BİR FIRIN TEPSİSİNE PARŞÖMEN KAĞIDI SERİN VE BİBERLİ DİLİMLERİ TEK BİR TABAKA HALİNDE YERLEŞTİRİN.

C) 10 DAKİKA PİŞİRİN VE ARDINDAN FIRINDAN ÇIKARIN VE FAZLA YAĞI ALMAK İÇİN BİR KAĞIT HAVLU KULLANIN. 5 DAKİKA DAHA VEYA PEPPERONİ ÇITIR ÇITIR OLANA KADAR FIRINA DÖNÜN.

86.   Melek cipsleri

Bileşen

- $\frac{1}{2}$ fincan Şeker
- $\frac{1}{2}$ fincan esmer şeker
- 1 fincan Kısaltmak
- 1 yumurta
- 1 çay kaşığı Vanilya
- 1 çay kaşığı Tartar kremi
- 2 bardak Un
- $\frac{1}{2}$ çay kaşığı Tuz
- 1 çay kaşığı Karbonat

Talimatlar:

a) Krem şeker, kahverengi şeker ve katı yağ. Vanilya ve yumurtayı ekleyin. Kabarık olana kadar karıştırın. Kuru malzemeleri ekle; karışım.

b) Çay kaşığı dolusu topları yuvarlayın. Suya ve ardından toz şekere batırın. Kurabiye tepsisine şeker tarafı yukarı gelecek şekilde yerleştirin, ardından bir bardakla düzleştirin.

c) 350 derecede 10 dakika pişirin.

87.   tavuk derisi cips satay

Bileşen

- 3 büyük tavuk budunun derisi
- 2 yemek kaşığı şeker ilavesiz iri fıstık ezmesi
- 1 yemek kaşığı şekersiz hindistan cevizi kreması
- 1 çay kaşığı hindistan cevizi yağı
- 1 çay kaşığı tohumlanmış ve kıyılmış jalapeno biberi
- 1/4 diş sarımsak, kıyılmış
- 1 çay kaşığı hindistancevizi aminosu

Talimatlar:

A) FIRINI 350 ° F'YE ISITIN. PARŞÖMEN KAĞIDIYLA KAPLI BİR ÇEREZ KAĞIDINA, DERİLERİ MÜMKÜN OLDUĞU KADAR DÜZ BİR ŞEKİLDE YERLEŞTİRİN.

B) KABUKLARI AÇIK KAHVERENGİ VE ÇITIR ÇITIR OLANA KADAR 12-15 DAKİKA PİŞİRİN, YAKMAMAYA DİKKAT EDİN.

C) ÇEREZ TABAKASINDAN DERİLERİ ÇIKARIN VE SOĞUMASI İÇİN BİR KAĞIT HAVLUYA KOYUN.

D) KÜÇÜK BİR MUTFAK ROBOTUNDA FISTIK EZMESİ, HİNDİSTAN CEVİZİ KREMASI, HİNDİSTANCEVİZİ YAĞI, JALAPEÑO, SARIMSAK VE HİNDİSTAN CEVİZİ AMİNOLARINI EKLEYİN. İYİCE KARIŞANA KADAR YAKLAŞIK 30 SANİYE KARIŞTIRIN.

E) HER ÇITIR TAVUK DERİSİNİ 2 PARÇAYA BÖLÜN.

F) HER BİR TAVUK ÇITIRININ ÜZERİNE 1 YEMEK KAŞIĞI FISTIK SOSU KOYUN VE HEMEN SERVİS

YAPIN. SOS ÇOK CIVIKSA KULLANMADAN ÖNCE 2 SAAT BUZDOLABINDA BEKLETİN.

88.   <u>Avokadolu tavuk derisi</u>

Bileşen

- 3 büyük tavuk budunun derisi
- 1/4 orta boy avokado, soyulmuş ve ₍çekirdeği₎ çıkarılmış
- 3 yemek kaşığı tam yağlı ekşi krema
- 1/2 orta boy ₍jalapeno₎ biberi, tohumlanmış ve ince kıyılmış
- 1/2 çay ₍kaşığı₎ deniz tuzu

Talimatlar:

A) FIRINI 350 ° F'YE ISITIN. PARŞÖMEN KAĞIDIYLA KAPLI BİR ÇEREZ KAĞIDINA, DERİLERİ MÜMKÜN OLDUĞU KADAR DÜZ BİR ŞEKİLDE YERLEŞTİRİN.

B) KABUKLARI AÇIK KAHVERENGİ VE ÇITIR ÇITIR OLANA KADAR 12-15 DAKİKA PİŞİRİN, YAKMAMAYA DİKKAT EDİN.

C) ÇEREZ TABAKASINDAN DERİLERİ ÇIKARIN VE SOĞUMASI İÇİN BİR KAĞIT HAVLUYA KOYUN.

D) KÜÇÜK BİR KAPTA AVOKADO, EKŞİ KREMA, JALAPEÑO VE TUZU BİRLEŞTİRİN.

E) İYİCE KARIŞANA KADAR ÇATALLA KARIŞTIRIN.

F) HER ÇITIR TAVUK DERİSİNİ 2 PARÇAYA BÖLÜN.

G) HER TAVUK GEVREKİNİN ÜZERİNE 1 ÇORBA KAŞIĞI AVOKADO KARIŞIMI KOYUN VE HEMEN SERVİS YAPIN.

89.   Parmesanlı sebze cipsleri

Bileşen

- 3/4 bardak rendelenmiş kabak
- 1/4 su bardağı rendelenmiş havuç
- 2 su bardağı taze rendelenmiş Parmesan peyniri
- 1 yemek kaşığı zeytinyağı
- 1/4 çay kaşığı karabiber

Talimatlar:

A) FIRINI 375 ° F'YE ISITIN. PARŞÖMEN KAĞIDI VEYA SİLPAT MATI İLE BİR KURABİYE YAPRAĞI HAZIRLAYIN.

B) DOĞRANMIŞ SEBZELERİ BİR KAĞIT HAVLUYA SARIN VE FAZLA NEMİ SIKIN.

C) TÜM MALZEMELERİ ORTA BOY BİR KAPTA İYİCE BİRLEŞENE KADAR KARIŞTIRIN.

D) HAZIRLANAN ÇEREZ KAĞIDINA YEMEK KAŞIĞI BÜYÜKLÜĞÜNDE HÖYÜKLER YERLEŞTİRİN.

E) HAFİFÇE KIZARANA KADAR 7-10 DAKİKA PİŞİRİN.

F) 2-3 DAKİKA SOĞUMAYA BIRAKIN VE ÇEREZ SAYFASINDAN ÇIKARIN.

90. <u>Kabak turta hindistancevizi cips</u>

Bileşen

- 2 yemek kaşığı hindistan cevizi yağı
- 1/2 çay kaşığı vanilya özü
- 1/2 çay kaşığı balkabağı turtası baharatı
- 1 yemek kaşığı granüle eritritol
- 2 su bardağı şekersiz hindistan cevizi gevreği
- 1/8 çay kaşığı tuz

Talimatlar:

A) FIRINI 350 ° F'YE ISITIN.

B) HİNDİSTAN CEVİZİ YAĞINI MİKRODALGAYA UYGUN ORTA BOY BİR KASEYE KOYUN VE MİKRODALGADA YAKLAŞIK 20 SANİYE ERİYENE KADAR ISITIN. HİNDİSTAN CEVİZİ YAĞINA VANİLYA ÖZÜ, BALKABAĞI TURTASI BAHARATI VE GRANÜLE ERİTRİTOL EKLEYİN VE BİRLEŞTİRİLENE KADAR KARIŞTIRIN.

C) HİNDİSTAN CEVİZİ PULLARINI ORTA BOY BİR KASEYE KOYUN, ÜZERİNE HİNDİSTANCEVİZİ YAĞI KARIŞIMINI DÖKÜN VE KAPLAMAK İÇİN FIRLATIN. BİR ÇEREZ KAĞIDINA TEK BİR TABAKA HALİNDE YAYIN VE ÜZERİNE TUZ SERPİN.

D) 5 DAKİKA VEYA HİNDİSTAN CEVİZİ ÇITIR ÇITIR OLANA KADAR PİŞİRİN.

91. tavuk derisi cips alfredo

Bileşen

- 3 büyük tavuk budunun derisi
- 2 yemek kaşığı ricotta peyniri
- 2 yemek kaşığı krem peynir
- 1 yemek kaşığı rendelenmiş Parmesan peyniri
- 1/4 diş sarımsak, kıyılmış
- 1/4 çay kaşığı öğütülmüş beyaz biber

Talimatlar:

a) Fırını 350 ° F'ye ısıtın. Parşömen kağıdıyla kaplı bir çerez kağıdına, derileri mümkün olduğu kadar düz bir şekilde yerleştirin.

b) Kabukları açık kahverengi ve çıtır çıtır olana kadar 12–15 dakika pişirin, yakmamaya dikkat edin.

c) Çerez tabakasından derileri çıkarın ve soğuması için bir kağıt havluya koyun.

d) Küçük bir kapta peynir, sarımsak ve biber ekleyin. İyice karışana kadar çatalla karıştırın.

e) Her çıtır tavuk derisini 2 parçaya bölün.

f) Her tavuk gevrekinin üzerine 1 çorba kaşığı peynir karışımı koyun ve hemen servis yapın.

92.   Elma ve Fıstık Ezmesi İstifleyicileri

İçindekiler

- 2 orta boy elma
- 1/3 bardak tıknaz fıstık ezmesi
- İsteğe bağlı dolgular: granola, minyatür yarı tatlı çikolata parçaları

Talimatlar

a) Çekirdek elmalar. Her elmayı çapraz olarak altı dilime kesin. Altı dilimin üzerine fıstık ezmesi sürün; seçtiğiniz dolguları serpin.

b) Kalan elma dilimleri ile doldurun.

93.   Kızarmış yeşil domatesler

İçindekiler

- 1/4 su bardağı yağsız mayonez
- 1/4 çay kaşığı rendelenmiş limon kabuğu rendesi
- 2 yemek kaşığı limon suyu
- 1 çay kaşığı kıyılmış taze kekik veya 1/4 çay kaşığı kuru kekik
- 1/2 çay kaşığı biber, bölünmüş
- 1/4 su bardağı çok amaçlı un
- 2 büyük yumurta akı, hafifçe çırpılmış
- 3/4 su bardağı mısır unu
- 1/4 çay kaşığı tuz
- 2 orta boy yeşil domates
- 2 orta boy kırmızı domates
- 2 yemek kaşığı kanola yağı
- 8 dilim Kanada pastırması

Talimatlar

a) İlk 4 malzemeyi ve 1/4 çay kaşığı biberi karıştırın; servis yapana kadar soğutun. Unu sığ bir kaseye koyun; yumurta aklarını ayrı bir sığ kaseye koyun. Üçüncü bir kapta mısır unu, tuz ve kalan karabiberi karıştırın.

b) Her domatesi çapraz olarak 4 dilime kesin. Hafifçe kaplamak için 1 dilim unu serpiştirin; fazlalığı silkeleyin. Önce yumurta beyazına sonra mısır unu karışımına bulayın. Kalan domates dilimleri ile tekrarlayın.

c) Büyük bir yapışmaz tavada, yağı orta ateşte ısıtın. Gruplar halinde, domatesleri altın rengi kahverengi olana kadar, her bir tarafta 4-5 dakika pişirin.

d) Aynı tavada, her iki tarafta hafif kahverengi Kanada pastırması. Her biri için 1 dilim yeşil domates, pastırma ve kırmızı domates koyun. Sos ile servis yapın.

94. Ekmeksiz BLT

verim: 1 SERVİS

İçindekiler

- 6 dilim domuz pastırması, yatay olarak ikiye bölünmüş
- Lahana Yaprakları
- taze domates, dilimlenmiş

Talimatlar

a) Üç dilimi dikey olarak yan yana silikon bir altlıkla kaplı bir fırın tepsisine yerleştirin.

b) Dıştaki iki dilimin üstünü aşağı doğru çırpın, ardından yatay olarak aralarına bir dilim domuz pastırması yerleştirin.

c) Pastırmayı tekrar çırpın, ardından orta dilimi kapatın ve ortasına başka bir yatay dilim yerleştirin. Ardından, iki dış dilimi yukarı doğru çırparak alttaki son yatay dilimi ekleyin.

d) Başka bir pastırma örgüsü oluşturmak için tekrarlayın (BLT başına iki taneye ihtiyacınız olacak).

e) Pastırmanın üzerine ters çevrilmiş yapışmaz bir raf yerleştirin ve önceden ısıtılmış bir piliç altında domuz pastırması çıtır çıtır olana kadar pişirin. Rafı çıkarın ve pastırmayı ters çevirin. Gerekirse broyere geri dönün.

f) Fazla yağı boşaltmak için pastırma örgülerini mutfak kağıdına aktarın.

g) Bir domuz pastırması örgüsüne dilimlenmiş domates ve kıtır kıtır marul ekleyin, ardından ikinci örgü ile üstünü kapatın.

95. Elma, jambon ve peynirli sandviçler

Porsiyon: 2

İçindekiler

- elma
- jambon dilimleri
- Colby Jack Dilimleri
- Kahverengi Hardal, Dijon tarzı veya tercih edilen çeşni

Talimatlar

a) Elmaları halka halka dilimleyin.

b) Jambon dilimleri ekleyin. Peynir dilimleri ile doldurun.

c) Sandviçin üst halkasına hardalı yayın ve üstüne yerleştirin (çeşni tarafı aşağı gelecek şekilde).

96. Tatlı Patates Burger Çörekler

İçindekiler
- 1 Büyük Tatlı Patates
- 2 Çay Kaşığı Zeytinyağı
- Tuz ve biber

Talimatlar
a) Tatlı patateslerinizi soyun ve burger ekmeği şeklinde doğrayın.
b) Yaptığınız her burger için 2 orta boy dilime ihtiyacınız var. Fritözünüz aşırı dolmadan önce fritözde aynı anda 16 dilime kadar pişirebilirsiniz.
c) Ellerinizi kullanarak zeytinyağını üzerlerine sürün.
d) Tuz ve karabiber serpin.
e) Hava fritözünde 180c/360f'de 10 dakika pişirin.
f) Akdeniz usulü burgerlerinizi iki tatlı patates burger ekmeği arasına yerleştirin ve servis yapın.

97.   <u>Salatalık Ekmeği</u>

2 SERVİS

İçindekiler

- 2 salatalık
- şarküteri eti-hindi, jambon veya diğer şarküteri eti dilimleri veya traşlanmış
- pastırma (isteğe bağlı)
- yeşil soğan (isteğe bağlı)
- domates (isteğe bağlı)
- herhangi bir sandviç dolgu maddesi (isteğe bağlı)
- gülen inek peyniri veya mayonez veya krem peynir veya başka herhangi bir çeşni

Talimatlar

a) Salatalığı uçtan uca uzunlamasına kesin. Sandviç dolgularınıza yer açmak için salatalığın içini çıkarın. Salatalığın içine et, sebzeler ve diğer sandviç malzemelerini ekleyin.

b) Salatalığın yarısını diğer yarısına koyun. Eğlence!!

98. Ekmeksiz İtalyan Alt Sandviç

Verim: 4 sandviç

İçindekiler

- 8 büyük Portobello mantarı, temizlenmiş
- 2 yemek kaşığı sızma zeytinyağı
- koşer tuzu
- 1 yemek kaşığı kırmızı şarap sirkesi
- 1 yemek kaşığı ince kıyılmış tohumlu pepperoncini
- 1/2 çay kaşığı kurutulmuş kekik
- Taze çekilmiş karabiber
- 2 ons dilimlenmiş provolon (yaklaşık 4 dilim)
- 2 ons ince dilimlenmiş düşük sodyumlu jambon (yaklaşık 4 dilim)
- 1 ons ince dilimlenmiş Cenova salamı (yaklaşık 4 dilim)
- 1 küçük domates, 4 dilime bölünmüş
- 1/2 su bardağı kıyılmış buzdağı marul
- 4 adet yenibahar dolgulu zeytin

Talimatlar

a) Fırının üst üçte birine bir fırın rafı yerleştirin ve fırın ızgarasını önceden ısıtın.

b) Sapları mantarlardan çıkarın ve atın. Mantar kapaklarını solungaçları yukarı bakacak şekilde yatırın ve keskin bir bıçak kullanarak solungaçları tamamen çıkarın (böylece kapaklar düz dursun). Mantar kapaklarını bir fırın tepsisine yerleştirin, her tarafını 1 çorba kaşığı yağ ile fırçalayın ve 1/4 çay kaşığı tuz serpin. Kapaklar yumuşayana kadar kızartın, yarıya kadar çevirin, her tarafta 4 ila 5 dakika. Tamamen soğumaya bırakın.

c) Sirke, pepperoncini, kekik, kalan 1 yemek kaşığı yağ ve birkaç öğütülmüş karabiberi küçük bir kapta çırpın.

d) Sandviçleri birleştirin: Bir mantar kapağını, kesik tarafı yukarı gelecek şekilde bir çalışma yüzeyine yerleştirin. Kapağın üstüne sığacak şekilde 1 parça provolon katlayın ve her bir jambon ve salamdan 1 dilim ile tekrarlayın.

e) Üzerine 1 dilim domates ve yaklaşık 2 yemek kaşığı marul ekleyin. Biraz pepperoncini salata sosu ile gezdirin. Başka bir mantar kapaklı sandviç yapın ve zeytin geçirilmiş bir kürdan ile sabitleyin. 3 sandviç daha yapmak için kalan malzemelerle tekrarlayın.

f) Her bir sandviçi yarıya kadar yağlı kağıda sarın (bu, tüm meyve sularını toplamanıza yardımcı olacaktır) ve servis yapın.

99. Mac ve Peynir Kaydırıcı

Porsiyon Boyutu: 12

İçindekiler:

- 1 su bardağı makarna
- 1 yemek kaşığı tereyağı
- zevkinize biber
- 1 $\frac{1}{2}$ çay kaşığı çok amaçlı un
- $\frac{1}{2}$ su bardağı süt
- $\frac{3}{4}$ bardak çedar peyniri, rendelenmiş
- 18 ons Hawaii tatlı ruloları
- 16 ons barbekü kıyılmış domuz eti, pişmiş
- 1 yemek kaşığı bal
- $\frac{1}{2}$ çay kaşığı öğütülmüş hardal
- 2 yemek kaşığı tereyağı, eritilmiş

Talimatlar

a) Fırınınızı 375 derece F'ye ısıtın.
b) Makarnayı paketteki talimatlara göre pişirin.
c) Süzün ve bir kenara koyun.
d) Orta ateşte bir tavaya tereyağı ekleyin.
e) Biber ve unu karıştırın.
f) Pürüzsüz olana kadar karıştırın.
g) Karıştırarak kaynatın.
h) 3 ila 5 dakika pişirin.
i) Peyniri ekleyin ve eriyene kadar karıştırarak pişirin.
j) Haşlanan makarnayı tencereye ekleyin.
k) Rulo tabanlarını fırın tepsisine dizin.
l) Peynir ve makarna karışımı, kıyılmış domuz eti ve rulo üstleri ile doldurun.
m) Küçük bir kapta bal, hardal ve tereyağını karıştırın.

n) Bu karışımla üstleri fırçalayın.

o) 10 dakika fırında pişirin.

100. Tatlı Patatesli Hindi Sürgüleri

10 porsiyon yapar

İçindekiler

- 4 Applewood-füme domuz pastırması şeritleri, ince kıyılmış
- 1 kiloluk öğütülmüş hindi
- 1/2 su bardağı panko kırıntısı
- 2 büyük yumurta
- 1/2 bardak rendelenmiş Parmesan peyniri
- 4 yemek kaşığı kıyılmış taze kişniş
- 1 çay kaşığı kuru fesleğen
- 1/2 çay kaşığı öğütülmüş kimyon
- 1 yemek kaşığı soya sosu
- 2 büyük tatlı patates
- Rendelenmiş Colby-Monterey Jack peyniri

Talimatlar

a) Büyük bir tavada pastırmayı orta ateşte çıtır çıtır olana kadar pişirin; kağıt havluların üzerine boşaltın. 2 yemek kaşığı damlama hariç hepsini atın. Tavayı bir kenara koyun. İyice karışana kadar pastırmayı sonraki 8 malzemeyle birleştirin; örtün ve en az 30 dakika soğutun.

b) Fırını 425°'ye ısıtın. Tatlı patatesleri yaklaşık 1/2 inç kalınlığında 20 dilim halinde kesin. Dilimleri yağlanmamış bir fırın tepsisine yerleştirin; tatlı patatesler yumuşayana kadar pişirin, ancak 30-35 dakika. Dilimleri çıkarın; bir tel raf üzerinde soğutun.

c) Tavayı orta-yüksek ateşte ayrılmış damlamalarla ısıtın. Hindi karışımını kaydırıcı büyüklüğünde köfteler haline getirin. Kaydırıcıları, tavayı kalabalıklaştırmamaya

214

dikkat ederek, her iki tarafta 3-4 dakika olacak şekilde gruplar halinde pişirin. Her kaydırıcıyı ilk kez çevirdikten sonra bir tutam rendelenmiş çedar ekleyin. Termometre 165°'yi gösterene ve meyve suları berraklaşana kadar pişirin.

d) Servis yapmak için her kaydırıcıyı bir tatlı patates diliminin üzerine yerleştirin; ballı Dijon hardalı ile hafifçe vurun. İkinci bir tatlı patates dilimi ile örtün. Kürdan ile delin.

ÇÖZÜM

Tailgating, bir spor karşılaşmasından önce sevdiklerinizle vakit geçirirken lezzetli yiyecek ve içeceklerin tadını çıkarmak için mükemmel bir fırsattır. İster hamburger ve sosisli sandviçleri ızgara yapıyor olun, ister tuzlu dip soslar ve atıştırmalıklar servis ediyor olun, takip eden tarifler kesinlikle her iştahı tatmin edecektir. Öyleyse ızgarayı ateşleyin, arkadaşlarınızı ve ailenizi alın ve spor ve harika yemeklerle dolu eğlence dolu bir güne hazırlanın. Yapması kolay bu tariflerle, kazanan bir oyun günü geçireceğinizden emin olabilirsiniz.